Auf Lachse und Steelhead am Babine River

von
Schorat

ISBN-978-3-932209-25-3

VERLAG

Inhaltsverzeichnis

1. Kanada Babine River Tagebuch

2. Babine River Erzählungen Version 2

3. Die Babine River Fischzählstation

4. Am SuperStar der SteelheadFlüsse

21.8.84

KANADA BABINE RIVER TAGEBUCH

Keine zwei Wochen mehr bis zum Abflug von Frankfurt nach Vancouver. Bin mit dem sortieren von Wildnis Utensilien ziemlich beschäftigt. Axt, Säge, Draht, Nägel, Pot und Pfanne, Pflaster und Streichhölzer und vieles mehr.

Habe vor, 3 Wochen alleine im Wald, dem zweitgrößten, der von der Ost bis zur Westküste Kanadas steht, den Babine River per Kanu zu erkunden. Zu beangeln und beleben. Sowie Leben nehmen.

Wer weiß vielleicht wird sooon riesen Grizzly ähnliches vorhaben. Hat schon mal einer von euch Wildniskanuten einen Grizzly im Kanu paddeln sehen", hähä.

2 kg Zelt, extra klein und leicht, dafür aber dicken Schlafsack.

Bis minus 10 Grad sind schon in der wasserabweisenden Reisetasche hohe leichte Angelstiefel, brusthohe, auch. Die neuen aber leichten Dachsteinschuhe im Sommerschlussverkauf gekauft wurden schon im diesjährigen Regen getestet und für Wassergieriegkeit begutachtet Mengen von Nässe strömten durch die Nahtstellen. Letzte Nacht wurde aber auch das Leck, mit Zelt Nahtdichter bestrichen und heute Morgen unter der Dusche in der Badewannen Brause für wasserdicht empfunden.

Werde sie aber trotz allem nochmal mit Zeltnahtdichter bestreichen.

Um mich so richtig in Fahrtrichtung zu bringen habe ich neben der eigenen inneren Richtung nach Nordamerika noch viele Bücher und Infos gelesen. Vor mir liegt jetzt noch Rainer Höhs Blockhütten Tagebuch. Das Hochzelt ist für mich jetzt schon klar. Denn Grizzlyfrei schlafen ist doch eine Erleichterung

Das Wildnis und Abenteuer Kochbuch von den Engels ist auch Bestandteil dieser Leserei bis zum Morgenröte Licht. Hans Otto Meisners „Die überlistete Wildnis" frischt auch die Theorie für spätere Praxis .Viele andere Bücher sind schon wieder vergessen, vom Leben in Nordkanada und Alaska.

Der Indian Summer im September lockt ganz natürlich obwohl auch hier in München noch der lahme Alt Weibersommer im Supersinn des Wortes bevorsteht.

Zurzeit brutzelt ein junges ehemaliges Kaninchen im Bratofen. Sozusagen ein Testbraten für Britisch Columbia. Hatte ihn vor einigen Tagen in Schleswig Holstein zwischen Tellingstedt und Hennstedt von der Straße genommen, er lebte noch, der Kopf etwas zerquetscht. Dachte dass das Fell abziehen und ausnehmen Bestandteil der Arbeit dort an der Westküste sein wird. Denn Schlingen legen und manches andere wird ja wohl dazugehören.

Beim öffnen der Bauchhöhle musste ich doch staunen. Der Duft der Gedärme war überraschend anwesend. Oder entwickelte der sich blitzschnell mit dem Kontakt des Sauerstoffs. Aber im Körper ist ja auch Sauerstoff. Jedenfalls fiel mir ein das unsere Gedärme

dann ja auch so duften ... jetzt nun, seltsame Erkenntnis.
Ansonsten war alles abziehen und ausnehmen einfach.
Der Babine River ist nur per Kanu oder Hubschrauber zu erreichen. Er fließt dann in den Skeenan River. Dort werden viele Lachse gefangen. Es gibt eine Wildnislodge am Babine wo man für 1000 Dollar die Woche bewirtete wird. Dort leben Angler die meistens auf Steelhead Forellen angeln, eine andronome Regenbogenforelle, die im Herbst in die Flüsse zum Laichen zieht. 30 Pfund Fische gehören dazu.
Diese Lodge vertritt das feine Ideal, alle gefangenen Fische nach wiegen und Fotos, wieder schwimmen zu lassen. Und das für 1000 Dollar die Woche. Ich habe das gleiche vor. Bloß wenn der Hunger der Hunger gestillt werden will wird so mancher Fisch in die ewigen Jagdgründe befördert.
Ist Ewigkeit Unabhängigkeit von Veränderungen. Wenn ja, dann ist das ja hier nicht ewig.
Vielleicht ist ewig auch nur ein Begriff der Hoffnung oder der Wunschvorstellung und wird einfach als tatsächlich unbedacht akzeptiert. Was zieht jemand wie mich tausende von Kilometer zur weiteren Seite des Erdballs. Zuerst liebe ich Wälder und die damit verbundene würzige Luft. Solange sie noch kein Sodbrennen haben. Der Mief und das Gift der Städte die aus uns genau das gleiche machen, nämlich miefige stinkende Wesen geht mir schon sehr lange auf die Atemorgane. Die Beeinflussung solcher Landschaften ist immer frisch. Angler bin ich sowieso seit meinem dritten Lebensjahr, Erdenjahr. Dann die Möglichkeit noch vom Land der gesunden Erde leben zu können, was wir ja alle tun, bloß nun in Selbstbedienungsläden transformiert, reizt mich, meine Fähigkeiten anders einzusetzen. Jetzt mit 36 und Jahren als Konstrukteur beschäftigt, ist mir klar geworden, das da draußen in Kanada, tatsächlich noch Homesteading praktiziert wird, werden kann. Ich habe schon mal 7 Jahre in Kanada gelebt. Damals aber nicht darann gedacht. Ingenieurbüros brachten Geld und Komfort. Nun nach Jahren des Herumreisens und durchleben von Lebensabschnitten mit verschiedenen Menschen suche ich einen Platz den ich mir von gesund auf Grund auf selber baue und bebaue. Es ist also eine informationsreise um das Innenleben zu klarifizieren. Mich einen Monat einzustimmen. Möglicherweise baue ich auch ein Wildniscamp und annonciere später in deutschen Angel und Reisezeitschriften.
Auch in Betrachtung meines körperlichen Ablebens sozusagen der Gegenpol zum arbeiten und erlangen von all dem was uns Menschen möglich ist bin ich bereit Neuland zu öffnen. Die Städte, die Flüsse die Erde wird mir zu giftig. Und keiner nimmt Rücksicht auf mich.
Ja so einfach ist das.
Keiner kümmert sich um mich wenn ich flach atme und die Luft nicht mehr schmecken will. Der Industrie ist es egal ob ich im Fluss oder See dastehe und nicht hineingehe weil mir das Wasser zu verseucht ist. Naja, es gibt viele Gründe aus dem Bereich der

Verunreinigung aber hierfür solls genug sein.

Damals als 19 jähriger ging ich auch wegen der Verunreinigung nach Kanada, nämlich wegen der Verunreinigung des Militärs und zwar global gesehen. Nicht engstirnig national. Also ein Ideal. Ein Ideal des nicht-Soldatentums lebt in mir mit mir.

Deswegen kann ich nun nach Kanada gehen, wenn möglich wann immer ich will. Sozialinsurance Nummer-Führerschein-kanadischer Immigrationsstempel im Pass, Kanada wurde damals für mich eine Erweiterung meiner Lebensqualität, die sich dann für die Menschen dort nützlich machte.

Hier habe ich nun wieder für, in, Berlin, und München gearbeitet und Steuern gezahlt, ich habe weder Verpflichtungen sondern nur glückliche Freiheit des abhängigen Lebens vor mir.

Alles gesellschaftliche Gebrabbel der tausenden von Meinungen sind nicht meine Gesundheit, mein Frieden, mein Leben, oder meine Arbeit.

Ganz schlicht wird hier an dem voranschreiten aus dem Giftmüll in die noch unvergiftete Natur gearbeitet. Greenpeace hat meine Hochachtung ... alles vergiftende meine Verachtung.

Es ist inzwischen 20 Uhr geworden. Im milden Licht der Abendsonne fliegen die Krähen zu ihren Schlafplätzen im Englischen Garten. Auch Kanada Gänse zogen über die Stadt hinweg. Sie brüten auch im Englischen Garten. Oder im Nymphenburger Park. Fantastisch. Einfach fantastisch. Bald werde ich wohl Zugvögel in Richtung Süden am Babine River sehen

War den ganzen Tag damit beschäftigt die Wohnung aufzuräumen. Die Fliegenfischerweste zu reparieren. Den Hasen mit Sauerkraut und saurer Sahne zu essen, eine praktische Angelutensilientasche aus einer Füllfederhaltertasche zu machen. Mir vorzustellen was da im Urwald gebraucht wird.

Eine Mieterinn für den Monat in Kanada habe ich auch schon gefunden. Auch prima. Ich kann's nicht leiden eine Wohnung für die ich jemandem etwas zahlen muss leer stehen zu lassen. Das verletzt sozusagen die höhere Bildung. Das nagt an dem freien Himmel. Da wird Biafra, Südamerika die Slums von Indien, die Ghettos in den USA, der Kraaaaam in der UdSSR voll wach in mir. Aber ein Penner von der Straße kann man nicht in sein edel Plätzchen lassen. Und edel Penner aus Idealismus Weisheit und Wissen sind sehr selten zu finden.

Im schnelllauf des Tages stellte ich mir auch eine Kanusituation vor, und solche gefiel mir garnicht. Das Kanu kenterte mitsamt Inhalt in den River. Dagegen werde ich erst mal alles in dicke Plastiktüten und Säcke in den zwei Seesäcken verstauen. Die beiden Seesäcke werden im Kanu befestigt damit sie nicht davon schwimmen können. Damit das Kanu nicht so leicht kippt, wird eine Holzstange genommen die jeweils 1 Meter an beiden Seiten über das Kanu reicht. An den Enden befestige ich dann leere 5 Liter Ölkanister aus Plastik. Also eine Art von Auslegerkanu. Aber das muss an Ort und Stelle genau ausgetüftelt werden.

Fürs Frühstück dem Bannock backen werde ich mir hier in München noch mein 8 Stunden Müsli durch die Mühle surren lassen. Dieses Müsli besteht aus Haferflocken, Gerstenflocken, Weizenflocken, Rosinen, Leinensamen, Kokosraspeln, Sultanien, Roggenflocken, Weizenkeime, Haselnüsse, Sesam Sonnenblumenkerne, Mandeln, Cashewkerne, Kascha-Buchweizenflocken, davon dann jeweils eine Handvoll zum Mehl, das wird ein Knusperfrühstück ala Babine Beauty.

Das Kanu werde ich von Privat per Anzeige kaufen oder leihen.

Ein Gewehr kein 7 Millimeter Grizzly Panzer, sondern eine 303 mit 22 Lauf oben drauf also ein Zwillingsgeschoss, für Kaninchen und andere Kleinlebewesen. Mit der 303 kann dann auch die Slug Patrone benutzt werden, die vorne flach ist, und eben einem Menschen den halben Kopf abreißt. Wogegen der Grizzly wenn auf Knochen getroffen wird, nur eine riesenhafte schmerzhafte Fleischwunde hat. Jedenfalls respektabel genug um mir die nicht angestrebte Konfrontation noch als Lebensmöglichkeit zu sehen. Die kauf ich mir auch per Zeitung. Sachen dieser Art findet man in Kanada en Mass wie Gebrauchtwagen bei uns.

Der Angelschein wird wohl 20 Dollar das Jahr für Nonresident Angler kosten und der Jagdschein um die 90 Dollar pro Saison.

Der berechtigt aber nicht Wolf oder Elch ,Bär, Bergziege oder Lux zu jagen und anderes Großwild. Hiermit können Hasen Rebhuhn, Eichhörnchen Enten Gänse also Kleinwild erlegt werden.

Werde mir auch noch ein Pilz-Pflanzen Buch-Vögel Buch in Kanada kaufen. Pilze sollten ja dann um diese Jahreszeit richtig ihre Früchte zeigen.

Wenn's so früh dunkel ist muss ich genug Kerzen mitnehmen um im Zelt zu lesen und zu schreiben.

Ich freue mich schon auf das herum hören von oben dem 4 meterhohen Zeltplatz in das was da am Boden, nachts erwacht. Ein Nachtglas wäre auch prima.

Mir fällt gerade ein, krumm vielleicht auch, dass sich in diesem Jahr sozusagen eine natürliche Raffinierung eine Raffinirierung in mir vollzogen hat. Der Konsum von Bier und Wein Champagner ist auf dem Weg zum Land Nil das irgendwo liegen soll. Jedenfalls entwickelte ich ein Antialkohol Syndrom, das sich mit dem Alkohol-Syndromgefühl ganz und garnicht mehr als angenehm zeigt. Ich bin froh darüber. Ich rauche nicht und nun ganz von selbst, ja ganz von selbst, dem, Selbst, auch weg vom Alkohol. Wer weiß was da so alles ganz natürlich auf einen zukommt. Mir scheint's auf jeden Fall sehr lebenswert zu sein. Sehr natürlich bedacht für Körper und Geist die rechte Balance zu finden. Denn ich hatte mir nicht vorgenommen den Tempel meiner Seele und all seinen Wurzeln zu entalkoholisieren. Als es sich dann zeigte kooperierte ich sofort. Nun werde ich mir nur 2 Flaschen Wein zum kochen mitnehmen-eine rote ein alter Barolo, und eine weiße-ein hutabhebender Montrachet.

Es ist nicht das erste Mal das ich alleine reise. Vor 2 Jahren nach Schweden. Da kam ich aber frühzeitig zurück-verliebt. Davor edlige male Afrika. Aber diesmal, das wird wohl die Reise mit den wenigsten Menschenkontakten sein.
Alleine ist man ja nie.
Wenn davon abgesehen wird das nur Menschen die einzigen Weggefährten sind. Die Natur zeigt mir meistens mehr und schönere Dinge als die Menschen auf der Jagd nach Vorstellungsvollendung oder etwa nicht. Der Mensch vertuscht trügt und heuchelt gerne, tricksen und Nichtwissen liegen sehr nahe. Da draußen im Urwald wird auch getrickst. Aber klar ersichtlich. Nicht mit elektrischem lächeln nicht mit der besten Äußerlichkeit sei es Textil oder Bankkontoschein mit Autos und Statuslametta.
Gute Nacht ihr die ihr noch nicht in die Trickkiste der Süchtigen und damit Steuerlosen gefallen seid.
22.8.84

Das die Wissenschaft und die damit verknüpften Wissenschaftsmenschen die organisierten, Unwissende sind, liegt klar vor uns. Noch nie in der Geschichte der letzten 100 Jahre ist das so deutlich hervorgetreten. Sie sind so Unwissend das noch nicht einmal die allernächste Kausalität von ihnen erkannt wird. Schon alleine die Tatsache dass durch Wissensanhäufung solch eine Stress Lebensform entstanden ist, zeugt von der Blindheit der schöpferischen dynamischen Vorwärtskraft. Deshalb tut der Mensch gut sich zu besinnen und wissend zu werden. Wenigstens für eine Dekade. Aber all die Pläne all die Verwalzung der Erdoberfläche, sämtliche Ausbeute sogar die glorreiche Medizin, Scheinmedizin, das Soziale, so wie die Politik und das Anstreben von Erdherrschaft, sind ein Produkt des Unwissens. Mehr und mehr sind Völker damit beschäftigt ihre Fehler zu verarbeiten oder verseuchtes etwas zu entgiften.

Der Mensch wird erst ein kleinwenig Weiser entwickelt werden als die anderen Wesen, wenn er fähig ist die Erde nicht mehr zu vergiften. Ja ansonsten muss eindeutig gesagt werden, ja es ist überall ersichtlich, riechbar, hörbar, das der Mensch trotz aller wilden Bauerei, ein Wesen der Minderwertigkeit ist….Und jeder der sich für Künstlichkeiten wie Gesellschaft und Staat einsetzt nur blinder Mitmacher seiner nicht entwickelten Eigenkraft ist. Das heißt: Von Grund auf Dumm ist, Angst hat, auch wenn er sich noch so Aufbläht, auch wenn er Mitglied bei vielen Gruppierungen ist, auch wenn er gute Positionen hat, auch wenn er Statussymbole en mass vorzeigt, das hilft alles nichts wenn weiterhin sein Tun, ganz locker und für ihn möglicherweise nicht sofort erkenntlich, mitmacht beim großen sehr, sehr, großen vergiften. Das ist aber nichts sonderlich Neues. Sondern der Zyklus der Wiedererscheinung dessen was schon war, und nun bloß in der Zeit auf sogenannter moderner Stufe sich wiederholt.

Zurückblickend, Römisches Reich, hoher Wasserverbrauch, 2 Millionen Rom Einwohner, 500 Liter je Einwohner täglich, Aquadukte bringens rein, sehr hoher Abwasseranfall, Tiber wird sozusagen „Verkackt", Bäche werden als geschlossene Kanäle verbaut, ausgebaut, es entstand die bekannte CLOACA MAXIMA, die große Kloake, sie wurde erst um das Jahr 1900 durch neue Kanalbauwerke ersetzt.

Das öffentliche Latrinenwesen war privatkapitalistisch Organisiert. In der Zeit Kaiser Diokletian gab es in Rom 144 öffentliche Latrinen, dafür mussten die Inhaber steuern entrichten. So soll Vespasiean einmal dem Titus ein Goldstück vor die Nase gehalten haben mit der Frage ob er riechen könne woher dieses Geld stamme. Es kam von der Latrinensteuer. Daher hat sich auch der Ausspruch erhalten: Non olet, es stinkt nicht, nämlich das Geld.

Paris im 12.Jahrhundert. Das war typisch für alle großen Städte der damaligen Zeit, in den Straßen war kein Pflaster. Der Boden uneben vollbeladen mit Unrat. Für das häusliche Schmutzwasser gab es keine Abflussgelegenheit. Sie bildeten Pfützen und mischte sich mit dem Straßenschmutz. Es stank mächtig. Gänse, Schweine, und anderes Vieh suchten im Straßenschmutz nach Futter. Noch im 14.Jahrhundert goss man den Inhalt der Nachtpötte und das Waschwasser einfach aus dem Fenster. Vorher musste aber „gare l'eau"- Vorsicht Wasser gerufen werden. Aborte wurden in Paris nachweislich erst zu Anfang des 16.Jahrhunderts eingerichtet.

In den deutschen Städten waren die Zustände nicht besser. Holzschuhe mussten wegen des Straßenschmutzes getragen werden.

Über die Stadt Gotha schrieb der Kirchenreformator Myconius: Man muss auf Stelzen und Holzschuhen gehen, und fast alle Ratsherren gingen auf Holzschuhen zu Rat.

Selbst gekrönte Häupter waren in den mittelalterlichen Städten ihres Weges nicht sicher. Das musste auch Kaiser Friedrich der Dritte spüren, als er einmal der Stadt Tuttlingen einen Besuch abstattete, obwohl die Einwohner ihn vorher gewarnt hatten. Als er dennoch kam versank sein Pferd bis an die Schenkel im Schmutz, so das Pferd und Reiter herausgezogen werden mussten.

In Prag, Nürnberg, Augsburg, wurden die Straßen erst im 14. und 15. Jahrhundert gepflastert. Aus der Not heraus waren dann die Städte gezwungen zu handeln. Auch die Burgen waren schlimm. Der Kot, der Abfall, Etc. wurden einfach an der Burgmauer abwärts gelassen. Stink, Stink, Stink.

Noch im 17.Jahrhundert war es üblich das Schweine frei in den Straßen herumliefen und viel verkoteten. Im Jahr 1671 wurde in Berlin angeordnet das Bauern die zum Markt in die Stadt kommen bei der Rückfahrt ihre Karren mit Unrat zu beladen haben und die Fuhre aus der Stadt zu bringen.

Paris erhielt erst eine Kanalisation in der 2.ten Hälfte des 19. Jahrhunderts. 1867 war nach Berichten von August Bebel in Berlin noch keine Kanalisation vorhanden. In den Rinnsteinen sammelte sich die Kacke. An heißen Tagen verbreiteten sich mefitische Gerüche.

Toiletten öffentliche gab es nicht. Er besuchte einmal das königliche Schauspielhaus. Er war entsetzt als er dort zur Toilette für kleinere Bedürfnisse ging. Mitten im Raum stand ein riesen Bottich. Längst der Wand standen einige dutzende Nachttöpfe, von denen man die benutzen höchst eigenhändig in den großen Gemeinschaftsbottich zu entleeren hatte. Berlin ist erst nach 1870 aus dem Zustand der Barbarei in den der Zivilisation getreten. Und genau so ist es heute 1984. Vorne alles Schein und Mercedes in den Flüssen und Meeren auf den Ländern alles Gifte und Seuchen. Da hat sich nichts geändert.

Ein neues Zeitalter in Stadthygiene kam 1810 aus England, mit den Wasserklosetts. Dafür wurden aber auf Grundstück und Straßen die Missstände noch schlimmer. Keine Kanalisation war vorhanden. Alles wurde zum nächstliegendsten Gewässer geleitet. Nachdem Kanäle angelegt waren wurde alles ungereinigt wie heute das entleeren im Meer oder noch vieler Industrieabfälle in den Flüssen, in die Gewässer geleitet. Wenn um 1850 noch viele Lachse und Forellen gefangen wurden so brachte die Einleitung der Abwässer in wenigen Jahren solche Belastungen der Gewässer, dass die Fische abwanderten.

Und auch das habe ich vor, abzuwandern.

Bevor Kläranlagen errichtet wurden gab es Berichte aus der Mitte des vorigen Jahrhunderts in denen Wasserläufe als kochende stinkende Masse beschrieben werden. Kinder hatten Laune die Gasblasen anzustechen die aus dem faulen Schlamm an die Wasseroberfläche stiegen. Ja dieser kleine Rückblick zeigt das heute wenn nicht mehr getan wird noch schlimmeres auf euch zu kommt.

Ganze Wälder sterben….

Ganze Menschen sterben…..

Der Erdboden wird vergiftet.

Die Luft in den Städten ist sowieso die größte Giftmasse…

Das Meer wird und ist schon tot…

Ihr wisst wohl nicht mehr wie saubere Luft riecht. Ihr wisst wohl nicht mehr was natürliches reines Wasser ist. Nicht Leitungswasser sondern Erdgefiltertes, mit Nährstoffen. Naja, deswegen. Die Menschen lieben das Vordergründige sie sind mit dem bisschen Kleinleben zufrieden…

Zerstören aber dafür das Großleben..

Doch wenn das Geld für die Rüstung auf Nilnull gebracht wird und diese Menge in die Entgiftungsforschung gesteckt wird, dann ist innerhalb von 5 Jahren Sauerstoff, gutes Wasser, gesunde Erde, und der Wald gerettet. Aber vor allem der Mensch selber erspart sich selber größere mühen..

Aber wer kann das in den heutigen verantwortlichen Positionen schon sehen und verstehen. Die sind doch feige aber vor allem Herrschsüchtig und Sucht ist immer Gift. Deswegen auch die große Vergiftung des 21.Jahrhundert. Was ist der Mensch doch für eine erbärmliche Kreatur.

Lächerlich..

Dumm..
Gierig…
Tollpatschig..
Müder…
Vergiftet bis ins Herz..

25.8.84   1:26 Uhr

Mensch ich kann's kaum erwarten wieder auf kanadischem Boden zu stehen.

27.8.84   18:30 Uhr

Die letzten Einkäufe sind gemacht. Große 5x4 Meter Plastikplane für trocken stehen und für trocken kochen und essen ist gekauft. Skals Buch on „Alaska" gelesen. Auch Hogrebes Bücher. Listigerweise falle ich in der letzten Zeit öfter in Selbstvergessenheiten, Tagträume, die mir aber gut tun, dieses hineinfallen in die eigene Ruhe, auch wenn die Träume noch so wild sind. Meistens Vorstellungen von Bär Konfrontationen, Situationen. Hoffentlich ist das keine Hellsicht. Und wenn schon, ich ging als Winner hervor.
Eine Dose Tränengas, für den letzten Nahangriff ohne Waffenverteidigung, liegt auch schon im Gepäck.
Aber in der Gegend wird's bestimmt nur selten Bärsituationen geben. Nach den Berichten von Skal und Hogrebe zu urteilen leben die nun an der Baumgrenze und tummeln sich in Blaubeeren und dergleichen.
Ansonsten bin ich noch in Kampfstimmung. Der Beton. Der Giftgestank. Die Monotonfressen und die Gefühlssucht der Menschen treiben mich auf die Angriffsspitze.
Dabei will ich garnicht kämpfen. Ich bin sogar kein Soldat geworden. Ging nach Kanada.
Das Giftleben in der Stadt fängt an auch meine Schönheit zu verhunzen.
Bloß weg hier.
Bloß nicht Alt werden, hier.
Da nutzen auch die feinsten Gedanken und Erkenntnisse der Vergangenheit nichts mehr. Damals hatten die noch keine Umwelt und oder Mitwelt Verseuchungen.
Was für einen Wert hat so ein Leben von heute noch.
Ein Flutschwert für die Kaiser der Manipulation.
Ihr geht arbeiten, kauft Produkte die andere hergestellt haben die vieles zerstört haben die aus euch Schimmel Flutsch machen. Ihr sauft vornehm euren Alkohol und bindet die Bauchmaße weiter. Die Menschen die sich als Staat geflaggt haben verkaufen ihre ehemalige Kindheit für Kultur und Zivilisation Eratik. Jeder staunt wenn wieder ein Staatsmitglied korrupt entdeckt wird. Dabei ist bis dahin gekommen nur noch Vollblut Korrup-

tion. Aber dennoch nach außen mit der Illusion der Vernunft und Denkkraft gedresst.
Natürlich habt ihr nur Vollblut Hengste gewählt.
Ich habe noch nie gewählt. Ich werde auch nie wählen. Aber ihr, ihr habt euch ja euer Liebesleben zusammengewurschtelt.
Der Mensch in Massen ist ausnahmslos Blind- Taub-Geistesgestört-und vornehm Blöde.
Oder etwa nicht!?
Er kann eben bis jetzt noch nicht besser.
Gebt's ruhig zu.
Ihr wollt eben auch das was ihr Leben nennt.
Ich werde in Kanada das Leben töten.
Ihr lebt immer vom Leben.
Für euch wird getötet. Ob's nun Salat oder Steak ist. Das ist Norm. Darüber gibt's kein Blutvergießen.
Trotzdem lasst euch nicht weiter vergiften. Autos-Fabriken-Kraftwerke-Flugzeuge-Werbung-Billig Zeitungen-Abfallnahrung-Kosten Künstlich hochgehalten-durch Profitstreben, weil weniger Rohöl, gebraucht wird, die Produzenten aber ihre Höchstprofite beibehalten wollen. Vergiftung durch Routine. Vergiftung durch euch selbst.
Apropo Vorbereitungen.
Habe dem Wetter die Nase gezeigt. Mich bis auf die Haut durchregnen lassen. Auf einem Ruderboot Sitz als Bett übernachtet im dicken Nebel und nur mit Decke bekleidet. Der Übergang vom Tag zur Nacht mit ihren immer größer werdenden Fledermäusen und dem Verschwinden der Ufersicht war fantastisch. Es war der Langbürgner See wo ich angelte. Und Angelvereinsmitglied bin. Und lange Gänge durch Bayerns Wälder auch…Mir geht's gut…
Und Ihr, wollt ihr leiden. Wollt ihr das Kreuz. Wenn ja, dann seit sehr vorsichtig. Ihr wisst wie sehr sich Jesus und Kirk Douglas gequält haben. Douglas als Spartakus. Also in Wirklichkeit Spartacus.
Wollt ihr Gift atmen und langsam mehr und mehr und noch mehr an Krebs krepieren. Anstatt echt und so wies sein soll von Altersschwäche eure Körper der Erde zurückgeben. Wollt ihr Kranke, vergiftete, Körper geben!
Ich glaube schon zu wissen das ich im Kreislauf der wahren Zeitlosigkeit ein Büchlein schreibe mit dem Titel: „Wenn ich Kanzler wär"
You understand..
Yes i do…
It's so easy…
Yes…

Es gibt Tage, da bin ich voller Besserwisserei. Alles dreht sich dann immer um die Ver-

besserung der Umwelt-Verseuchung. Auch um das Heucheln und die deutsche Angst in der Politik zu vertreiben. Die Alten sind von der Tradition zu abhängig. Das ist überall so. Da ist nur Reagan der sich wie ein Tiger ändert. Also ganz schnell. Für das nationale Gefühl hab ich nichts mehr übrig. Die Zeit weist auf andere Gemeinschaft hin. Das wird auch Sinn haben. Auch wenn's danach Sinnlos war. Aus den Ansätzen der Historie auch wenn Popper die Logik über die Größe die uns umgibt setzt, ist immer ein Zusammenschluss dann nötig, wenn noch größere Gegner bevorstanden. Denn so ist Logik. Sie ist nicht Mathematik sie ist nur dem Menschen eigentümlich meint Heisenberg. Aber auch das ist nur menschlich. Denn wenn ein Fuchs seine Tricks aus seinem Erfahrungslogikgedächtnis laufen lässt ist das für den der es erkennen kann auch Logik. Auch wenn sie stupide für viele erscheint. Und genau als solche hat sich die menschliche Logik zu gut bewiesen, natürlich wenn Grenzen die Grenze erreicht, wird, kann leicht gekontert werden, dass die eben nicht mehr Logik hatten.
Und so ist es auch.
Wer denken kann der kann dann aber alles als logisch sehen.
Felsen, Meere, Flugzeuge, und Saufen. Wenn er das nicht kann ist er eben nicht logisch. Logik ist nur ein anderer Begriff für Gott. Genauso wie Kraft oder Licht oder und so weiter.
Und natürlich kann man nicht Tradition einfach zur Seite legen..
Wo kommt die Sprache her die Schrift?
Die Wörter die Kleidung oder die Frauen.

30.8.84
Hin und Kreuz ob ich das Sanyo Kopfmusickchen mitnehmen soll? Im Nebel über autogroße Kieselsteinchen stolpern und Doktor Jäckel und Mister Hide Jive von Man at Work hören,,nicht bad.
Nur noch längere Stunden bis zum Abflug….
Habe schon 50% vom Fluggepäck mit Fallschirm schnell abgeworfen…trotz allem noch zu viel. Zwei pralle Seesäcke voll…..

Ich bin nun wirklich kein Phantast der in die Wildnis geht um die große Flügelmutter zu finden um die kleine Zeit zurück zu drehen..
Was in der Wildnis an technischen Know-wie-angewandt werden kann soll gebraucht werden, solange keine Verseuchung, Vergiftung draus entsteht..

Morgen um 6:35 Uhr noch quickly bis Sonntag 20:30 Uhr nach old Hamburg auf frischen Brötchen…Die geliebte wartet in Trauer dort..

Aber ich brauche keine Hohlknochen Trauern, ohne den Reichtum des Knochenmarks im Leben..Trauer ist Illusion..Illusion ist mir fremd. Sie ist für Mannequins. Für Offiziere oder für Polit-Kaiser..Nicht für mich.

Endlich wächst die rosagrüne Leitung für'n Rum-Trunk in mir wieder…

Habe in den letzten drei Tagen gute 15 Pfund Pilze gesammelt. 2 Steinpilze. Paar Maronen. Viele Goldröhrlinge. Viele Kuhpilze. Den hellen und dunklen Birkenpilz sehr viel. Scheidenstreiflinge, Anis Champignons und Reizker, aber auch gute Täublinge.

4.9.84 **Smithers** 3834 12th Avenue…Britisch Columbia

Und nun sitze ich hier in diesem Haus in Smithers. Abends. Grau. Regnerisch. Die Berge die Rockys sind schon frisch beschneit. Hier im Haus kann ich für 10 Dollar pro Tag bleiben. Lorela, die Besitzerin des Hauses räumt ihr Zimmer aus.

War den ganzen Tag draußen gewesen den Wildnistrip auf zu bauen. **Den Trip mit dem Kanu kann ich vergessen.** Allein ist er zu wild. Sogar mit großen gummischlauchbooten ist's gefährlich und zu lang. Das ein und ausfliegen mit Helikopter kostet 1000 Dollar. Aber so viel habe ich für den ganzen Monat mitgebracht. Doch der Pilot war sehr freundlich und gab mir weitere Informationen wie man am besten am dem Babine River fischt.

Die Kanadier haben heute gewählt….

Erst ab 20 Uhr gibt es wieder Alkohol. Auch im Flug von Vancouver heute Morgen kein Alkohol. Viel Milch. Gut.

Was war sonst noch so los?! Erst mal bin ich müde. Bis später.

7.9.84

Sitze nun an der Babine River Fischstation mit dem enormen springen der verschiedenen Lachse. Der Fluss ist Proppen voll. Fantastisch.

Ziemlich kühl. Morgens Reif und Eis am Zelt und Pflanzen. 1 Grad Celsius um 8 Uhr.

Kam gestern mit Glück hier her, da mich die beiden Garry und Karin Sullivan von Smithers die 160 Kilometer in den Busch, die Wildnis, die Natur, das natürliche, das richtige, das echte, gefahren hatten.

Er ist Country Musiker und ein Riese . Sie ist klein blass und immer frierend.

Habe nun das Gewehr. 12 Gauge Single Shot Winchester mit Slugs (Vollmantelgeschosse) 130 Dollar und der Jagdschein 43 Dollar.

War garnicht so einfach hier her zu kommen. Aber die Menschen in Smithers sind sehr freundlich, kooperativ.. Ich bekam sehr viele Infos von Triple A Taxi Driver. Sogar Umsonstfahrten wenn er mich traf. Er erzählte mir viel von Hitler, von Juden, von Banker. Er meinte kein einziger Mensch sei vergast worden, es ist alles nur Judenpropaganda, weil die geldgierig sind. Er erzählte mir das Kommunismus und Kapitalismus von Juden beherrscht ist und das die Banken Papier drucken und es an den Staat als Geld verkaufen und alles in Besitz von Juden sei, sämtliche Regierungen, regierenden, meinte er ernst. Hitler war die einzige Rettung sagte er auch. Er kann's auch beweisen fügte er noch hinzu.

Naja, ich hörte ihm fleißig zu und grinste oft, ohne allzu viel an Gedankenjonglierung ihm gegenüber zu stellen. Aber diese ganze Juden Verneinung was für ein Murks und Marx Schrott, das ist alles Murks was der mir da erzählte, der Judenhass der Gläubigen egal ob Christengläubigen oder Muslim Gläubigen oder Atheisten gläubigen es ist alles Glaube und damit Murks. Und der Taxifahrer der hatte bestimmt den Isolationsblues. Aber diese Verschwörungstheorien die haben Kraft diese Gedanken. Und es ist ja auch stimmig das vieles von Juden beherrscht wird, aber es wird auch vieles von Christen beherrscht oder Moslems oder Buddhisten oder Atheisten oder Hindus oder all die anderen Gläubigen. Und das sind dann wieder Grenzen die Glaubensgrenzen. Und das sind dann die Kämpfe der Undurchsichtigkeit und Ignoranz im Taumel der Doooooooofheiten. Ho Ho Ho Ho Ho..

Ich bin hier zum Angeln und um die Ohren und Augen sehr Bär offen zu haben. Denn gestern sah ich meine ersten Bär abdrücke und auch die Ausdrücke und nicht zu wenig davon am Fluss. Sehr viele Bärabdrücke am Fluss.

Was sonst!

Ja, nachdem wir hier also ankamen wollte Garry und ich erst mal Angeln, obwohl ich eigentlich erst mein Zelt aufbauen wollte.

Garry fragte sofort ob ich das Gewehr mitnehme. Sein Respekt war gut hörbar.

Pfeifend gingen wir dann am Fluss entlang. Er fing auch sofort einige Lachse. Ich, mit Fliege fischend hatte kein Glück damit keinen Biss. Jedenfalls war's schon 18:30 Uhr als dann endlich meine Sachen direkt am Fluss abgeladen wurden und wir uns verabschiedeten.

Ich beeilte mich soweit das ging mit dem Zeltaufbau und Feuerholz besorgen. Das Gewehr beim Suchen immer dabei. Bevor es dunkel wurde fragte ich einen der Biologen von der Fischzählstation ob ich meine Lebensmittel in eine der Hütten legen konnte. Aber klar doch war die Antwort. Ich war erfreut denn mein Vorhaben die Nahrung in die Bäume zu hängen war eine Fehlkalkulation. Zu schwer und es war schon zu duster..

Sooooo, jetzt kommt der junge Mitarbeiter von Jim Ismond der mich 12 Kilometer Fluss abwärts mit dem Boot bringt. Adios. Rauf auf die wilden Fluten des Flusses.

21:49 und 46 Sekunden am 8.9.84 hier unten am Babine River

Draußen, Stockduster, kein Regen, und AC-DC spielt ihr Soundchen: She was a fast machine..

Ist das Natur, Wild, rein und natürlich….?

Ich bin doch tatsächlich hier in der ehemaligen Bob Wickwire Lodge..Und wieso ? fragst du dich..Wieso, die Bären flitzen hier überall herum und auch die verschiedensten Adler. Natürlich sind die Fußspuren der Bären, viele mit jungen Teddybären, ausschlaggebend, und , und meine fantastische Hellhörigkeit und Weitsichtnase, denn das Knacken, am Dämmerungsanfang ist nur zu beruhigend, mit der Winchester geht's gerade noch so…
Aufpassen wie eine ruhige Konzentration ist ein Muss….
Also wie noch nicht erwähnt, der Fluss ist voller Lachse wirklich Proppen voll und so Farbvoll…
Habe heute Nachmittag 2 Cohos gefangen 4-4,5 Pfund..Und die schmecken, sind nicht mit Blei vollgepumpt weder noch mit Säure verschönert. Die Lachse sind sozusagen aus'm Wasser in die Pfanne filetiert worden…
Der Stein am Kopf, nochmal das Maul geöffnet ein Zucken im Körper und dann das Zittern im Schwanz. Die Seele hatte dann den Körper verlassen. Aber ist die Seele wirklich jemals im Körper gewesen. Hat sie nicht bloß ihre Lebensenergie und Schöpferenergie in der Form und dem Leben gezeigt?
Also der Körper. Und nun meiner, der ist auch ganz schön behämmert worden. 400 Pfund Benzintonnen ein und ausgeladen. 240 Pfund Gasflaschen, eingeladen, ausgeladen. Heute noch ein Dach gedeckt, geteert, das ist für das große Holzhaus. Schläft locker 6 Personen mit viel Raum, auch viel Materie und sehr viel solider Leere…
Also ich bin für eine Woche der Koch hier..Also das heißt, wie ja so schon viel geplappert wird, das heißt wissenschaftliches auf klar geführte aus vollgefressenen polit Hühneraugen…
Jedenfalls heißt es trotzdem dass mein Zelt nicht mehr gebraucht wird. Die Pötte auch nicht und vieles andere. Denn die Bären hätten mich wohl nicht in Ruhe gelassen. Aber ich selbst spring doch bei jedem Geräusch Douglasspitzen hoch…ja und deswegen immer diese schlechten Landungen..
Das tut sooo weheeeeeeeh..
Naja….Jim Ismond ist mit seiner Frau andere Angler am eigenen irgendwo betreuen..
Also sind wir drei hier alleine im Ur-Wald…
Kleine Unterbrechung. Wir erzählen gerade die übelsten Brechgeschichten.. Kotzen.. Würfelhusten..Brechen..Starke Übelkeit..Vergiftung..Anti Sympathie..
Und nun, morgen Holzfällen..Haben aber die riesen Boote hier um die besten Pools abzufischen. Und dann gestern, der junge Guide, ich werde nicht fragen wie jung er ist, und ich, waren oben am Fischwheel (Fischzählstation). Hatten Motor, 2 Gasflaschen, halbe Tonne voller Benzin geholt und fuhren dann los. Regnete die ganze Zeit, leicht, Hosen durchnässt, Jacke , Leder, auch ,und dann flitzen wir also auf die Felsen zu an denen wir vorbei müssen und flopp, put, put, kein put mehr, der Motor war aus und das im starken Gefälle. Und schon war die Situation bootsbrechend gefährlich. Wir trieben auf's Ufer zu und dann in das Erlengebüsch, das Überhängende. Ich konnte mich durch Flachlegen

auf den Rücken vor den Ästen retten. Da war garnicht daran zu denken das Boot mit Inhalt über 1400 Pfund schwer und dann die kleinen Händchen…Also sitzen wir jetzt im Erlengebüsch und schauen uns nicht allzu blöde an…Ich bin die Ruhe selber..Werf den Anker ruft er mir zu..Ich werfe den Anker in's Gebüsch doch der hält nicht und das Boot wird weitergerisssen..

Wir denken nicht mehr an den Anker und müssen uns schnell auf die Strömungsenge einstellen. Bloß nicht das Boot da reinrutschen lassen. Möglicherweise noch mit der Seite, dann kippen wir um..

Ich bin die Ruhe selber, doch Darin, so heißt der junge Guide ist sehr gestresst. Später erfahre ich dass er nicht schwimmen kann.

Als danebenstehender kann ich gut beobachten wie seine Wörter die Situation Hoch-treiben und ihn etwas aufgewühlter als das Wasser um uns erscheinen lassen…

Stress sind diese Floßfahrten für ihn sagt er..

Auf einmal steht das Boot still. Der Anker wurde von der Strömung mitgerissen und hält das Boot nun in ruhiger Position..

Wir sind durch und durch nass. Dafür habe ich mir also den Regenmantel gekauft. Naja, mir reicht's mit dieser Beschreibung.

Ich schneide das Ankertau durch, der saß zu fest, die Strömung..Jedenfalls kamen wir nach 2 Stunden frei…

Und heute?

Also morgens nicht so früh aufgewacht. Bin Nachts 2x aufgewacht. Musste pinkeln. Habe den Telespot genommen.

Morgens also erst mal Feuer gemacht. Der Tag war klar und sonnig 6 Grad. Ich rasierte mich mal. Wollte mir zuerst einen Bart wachsen lassen. Draußen waren keine Grizzly's zu sehen.

Dann wurde mein Spezial Bannock zubereitet.

Mir fiel wieder ein dass ich hier zum Angeln gekommen war. Also der Fluss war 1A1. Und dann nun diese Bannocks.

Der kleine Sohn Ted mit Brille kam als erster. Er sagte nicht mal nichts. Ich fummelte am Tisch herum. Säubern. Gab ihm dann zu wissen dass er den Abwasch anfangen soll. Er muffelte. Der Kleine kann auch noch nicht zwischen sich selber, Phantasie, Lüge, usw. unterscheiden. Noch'n Kind. Ist aber auch bei ausgewachsenen Körpern so. Politiker. Banker. Manager. Priester. Kardinäle. Päpste. Kaiser. Könige. Wissenschaftler. Professoren. Doktoren.

Mir fiel auf einmal ein dass ich in der Nacht diesen enormen Ständer hatte….

Der Ted, quält gerne Mäuse. In der Falle lässt er sie so lange bis sie verenden. Er schießt auch gerne mit ner Profi Flitsche auf Möwen vor dem Blockhaus…Er schaut sich dabei um, damit ihn ja keiner sieht. Ist sich also der Bösartigkeit bewusst. Die Lüge ist der Satan.

Ich habe inzwischen eine Rotznase die so schnell wie der Babine River fließt. Melissengeist, Rum, heiße Zitrone, 2 Gramm Vitamin C am Tag,. Am besten hilft aber so wenig Flüssigkeit wie eben nur geht, dann trocknet das Näschen nämlich aus. Sobald ich Flüssigkeit zu mir nehme fließt sie…

Zum Frühstück pfiff ich dann den Jungen Guide Mister Stress aus dem Bett. Dröselig kam er ins Haus.

Die Bannock Speziale waren sehr sättigend und fantastisch dick mit Peanutbutter und Sirup, Butter und Honig bekleistert.

Dazu dann Hektoliter Tee…

Den ganzen Vormittag dann Holz in Schubkarren gefahren. Der Guide Darin sägte alles in Ofenstücke, und Ted der Sohn von Jim Ismond, stapelte das Rundholz an der Häuserwand auf. Aber erst nachdem er dazu mit Nachdruck aufgefordert wurde. Wie oft laufen in jungen Menschen die kompliziertesten Einfachheiten ab die aus ihrer Sicht das Zentrum des Daseins sind, also auf Leben und Tod auslaufen…Schöne Rhetorik mit etwas Deltahaftigkeit…

Nach zwei Kettensägen Tankleerungen hatten wir genügend Holz für die Tagesarbeit gestapelt. Ich ging angeln. Nach der Zeit warteten die beiden auch am Boot und wir rasten den Babine hoch…Ließen das Loch von gestern hinter uns und flitzten zur Sandbank. Das zu beschreiben wird mir auch zu öde..

Jedenfalls Darin fing zwei kleine Regenbogenforellen. Mir fiel auf das Darin nicht nur ein unerfahrener Fischer ist sondern auch dazu noch nicht vorsichtig genug am Ufer war. Da ist kein Schutz und er geht stehend bis ans Ufer…

Die Stelle die mir prima aussah ergab keine Bisse. Er rief mich an das er da bei sich mindestens einen 8 Pfund Fisch herumschwimmen sah. Nach ner Stunde hatte er keine weiteren Bisse,. Der kleine Ted kam auch dort hin und fischte ohne Erfolg…

Ich, mit der Polaroid an, der Polbrille, ging dann auch dort hin und sah den Fisch langsam im Wasser treibend. Auch bei mir wollte kein Biss zu vermerken sein. Kleine Forellen rasten immer hinterm Blinker her, den ich aber so schnell wie möglich ans Ufer brachte. Auch der Miniatur schwarze Mepps brachte keinen Biss. Dann band ich den schwimmenden Rapalla an. Der ließ sich locker durch die Strömung ziehen und nach dem zweiten Rapallawurf ein Biss. Ich duckte mich sofort, damit der Fisch mich nicht sehen konnte. Keinen Versuch mit Kraft sondern er rollte und bewegte seinen Kopf hin und her anstatt Power zu machen. Jedenfalls war er sehr schnell gelandet. Es war eine 4,5 Pfund Dolly Varden (schrieb ich in mein Tagebuch damals aber das stimmt nicht es ist eine Bull Trout gewesen 29.11.2009 W. Schorat) Wunderschön gefärbt mit großem Maul. Der Fisch wurde getötet. Später fing ich noch einen Coho Lachs. Frische Grizzly Spuren waren wieder im Sand. Aber für das Knacken im Wald war's noch zu früh..

Donnerstag 11.Sept.84

Küchendienst beendet. Werde mittags Porkchops mit Gravy und Mashpotatoes machen. Mein Kochen gefällt mir prima..

Info: **Bärkoller beruhigt sich langsam.**

Keine Steelhead Forelle bis jetzt. Blinker gehen verloren. Viel Regen stark mit Hagel. Gestern fantastisch klarer Vormittag. Schlafsack nass. Lodge leckt. Outfitters bekämpfen sich. Flussaufteilung. Oberer Outfitter starb mit 50. Der Sohn 21 leitet nun, will Fluss aufteilen. Die Besitzer der Lodge Ami-Doktors haben den vorherigen kanadischen Outfitter Bob Wickwire, kein Geld zu viel Arbeit etc. zu stark ausgenutzt, typisch Ami-Kapitalismus Muus. Die Amis werden sowieso durch ihre Ignoranz Gier die Wirtschaft ruinieren und durch ihre Banditen Manager und Bankenkartelle und die Pharmamafia. Das sind alles Kandidaten die der Menschheit das Blut aussaugen werden und Geld Geld Geld Geld in ihren Arschlochköpfen haben…

Bob Wickwire baut sich nun eine Superlodge weiter unten, nur Einfliegen möglich.

Jim Ismond ein Schauspieler angeblich brutal zum Kind, lässt die anderen arbeiten und sitzt am liebsten und döst. Wenn Gäste da sind zwingt er die Freundlichkeit auf. Weil ich hier bin ist er freundlich das ist gut für den jung Guide Darin und den Stiefsohn.

Letzte Nacht von schöner Stadt und Frau geträumt. Schöne WOHNUNG UND ERFOLG:

DER jung GUIDE RAUCHT SICH ABENDS NE HASCHPFEIFE: Sieht danach aber blöde aus.

Das Kind Ted lacht viel. Beide machen viel Dreck, lassen alles liegen, keinen Sinn für Schönheit. Die Kleidung ist bestimmt 4 Wochen am Körper.

Darin, der Sohn arbeitet viel und gut. Seine Pläne sind etwas zu Arbeitsaufwendig.

Die Luft im Wald würzig aber nicht würziger als in Bayern.

Morgens fliegen Weißkopf Seeadler den Fluss runter. Sehr wenige Vögel im Wald. Bären sind sehr nahe an der Hütte. Einige haben riesen Pranken.

Mein Erkältung die mir nicht gehört klingt ab. Die obere Lippe ist ausgetrocknet.

Nach den Bohnen die ich kochte, lecker Süppchen, pfurzte der kleine Ted bewusst in der Nähe Darins, der dann davon lief. Die Möwen holen sich die Fischreste am Morgen.. Temperatur um 8 Grad.

Babine River Steelhead Lodge Ltd.
601 West-Spruce
Missoula- Montana 59801
K.A.High. M.D.

2 Benzintonnen mit Darin abgeholt. Voll. ...Auf der Rückfahrt ging wieder der Motor aus. Später, Wasser im Benzin, milchig. Darin verlor wieder den Kopf und ich übernahm und kommandierte. Entdeckte das Wasser. Der alte Tank wurde wieder angeschlossen. Bei jeder Fahrt wird ein voller Tank angeschlossen.

Unmengen Tee wird hier getrunken..

Lesen bekommt mir hier garnicht. Auch nicht vom Steelhead angeln, bekomme sofort Kopfschmerzen. Abends Nymphen die Forellen schnell und lustig…

Habe gestern den Warmwasser Boiler angemacht. Prima. Sogar eine heiße Dusche hier draußen.

Heute die Kettensäge repariert. Der junge Guide hat keinen großen Verstand der Zusammenhänge zum reparieren.
Abends fliegt immer ein großer brauner Adler Flussaufwärts.

Die ersten Gedanken an Helene in München..

Schwitzarbeit beim Hölzfällen. Dann hoch zum zerfallenen Hüttchen durch das dickste Erlengebüsch. Jeder mit Gewehr, denn das war Bärcountry. Hohes High Busch Cranberry Country. Und Bären mögen ja Beeren sehr. Da konnte einer auf einmal vor dir stehen. Die Hütte war von 1938. Schöner Überblick auf's Flusstal. Beim hochgehen sahen wir einen Schlaf oder Ausruhplatz der Bären. Jeder horchte und redete sofort zehnmal lauter.
Danach fischten wir das Loch/Pool wo das Treibholz Meter hoch gestapelt lag. Kleine Fische. Ohne Regen. Schippten dann zum anderen Loch/Pool. Ließen das Coholoch unbefischt. Darin hakte sofort eine große Forelle oder Lachs. Verlor ihn. Viele Elchspuren. Wieder ein Bär. Große Forellen bissen. Bissen nicht auf den Rapalla. Danach zum Pool gegenüber der Lodge. Wurde schon dunkel. Auf Fliege nichts. Dann auf Rapalla wieder eine 2 Pfund Dolly Varden. Forelle am Kiemen gehakt. Ließ sie dann schwimmen. Darin kam uns dann holen. Auf dem Weg zum Boot sah ich den Fisch dann am Ufer den ich zuvor frei gelassen hatte. Ein Steinschlag beendete sein Leben. Doch im Boot sprang er wieder hoch. Und auch als ich ihn mit dem Messer auf den Kopf schlug zappelte er noch.
Im Haus war's schön warm. Darin hatte das übrig gebliebene Kotelett gegessen. Die Forelle hatte eine gut 1/3 seines Körpers große Forelle im Magen. Als der Fisch gesäubert war hing das Herz noch am Körper und es pumpte. Ich schnitt es ab. Legte es auf den Tisch und es pumpte. Darin hatte sowas noch nie gesehen. Gefiel ihm nicht.
Dann abends…

Vier Mäuse in der Falle. Wollten sie betrachten und in ein 5 Liter Glas kippen. Aber die kleinen grauen Mäuschen waren ganz schön flink. Auf einmal sprangen sie auf dem Tisch herum und wir hinter her. Darin hatte Pere Magloira Calvados getrunken. Die Mäuse flitzten von einer Tischkante zur anderen. Trauten sich aber nicht herunter zu springen. Ich fing dann eine im Glas. Die anderen wurden vom Tisch gestoßen und rannten nun auf dem Boden herum. Wir hinter her. Dann versteckten sie sich in einer Fußleisten Mulde und putzten sich doch tatsächlich erst mal die Nase. Wir lachten. Dann scheuchte ich sie wieder hoch. Kurz darauf waren sie wieder in der Vertiefung. Das gefiel ihnen dort. Sie machten sich ganz klein. Nur die Augen poppten mal hervor. Letztendlich entkamen sie uns am Feuerplatz. Danach betrachteten wir uns die Maus im Glas. Sie war damit beschäftigt sich in dieser Situation erst mal zu reinigen. Schwanz in die vorderen Pfoten genommen und abgeleckt. Dann die Vorderpfoten hinters Ohr und auf die Nase. Ab und zu wurde ein bisschen von den Plätzchen Resten geknabbert.

Während ich hier nun das Tagebuch schreibe ist die Mausefalle schon wieder zugeschnappt, sie zappelt noch ein bisschen.

Mittwochabend.
Die beiden können nicht ohne Musik laufen zu lassen im Haus sein. AC-DC Hells Bells konstant. Natur pur sozusagen, oder ?
Naja. Klare Nacht heute. Habe gegen 20 Uhr einen Wolf am Flussufer gesehen. Dort wo ich die 4,5 Pfund Nicht Dolly Varden gefangen hatte die Bull Forelle. Der war aber schnell weg.
Nach dem Abendessen einer improvisierten Curry Fischsüppchens sahen wir am gegenüberliegenden Ufer einen schwerfällig ruhig dahin watschelnden Grizzly. Mein erster Grizzly in freier Natur..
Wir schnallten uns die Kameras um und jeder nahm sein Gewehrt. Dann rannten wir zum Ufer und schon bald waren wir im Erlendickicht und dann waren wir auch selbst schon wieder im Bärdickicht…
Wir sind hier mitten drin. Die sind um uns herum die Grizzly's.
Grizzly's.
Wir sahen ihn dann hinter der Flusskurve. Zu weit weg für Fotos.
Ansonsten den ganzen Tag müde, geangelt, hinter diesen 10-15 Pfund Lachsen in glühendem rot. Aber ohne Biss und mit allem Methoden..Stundenlang..Neben mir sprang ein mindestens 25 pfündiger Tyee. Tyee ist auch als Chinook in Kanada bezeichnet oder Kings in Alaska. Das sind die größten Lachse des Pazifiks.
Abends flitzten wieder die Mäuse herum. Die Fallen klappten auch paarmal zu. Eine Maus schaute ab und zu am Feuerplatz hervor. Und lächelte.

Donnerstag 13.9.84   21 Uhr

Darin, stoned, kehrt den Fußboden, auch stoned, sitzt auf dem roten Hocker direkt vorm Radio den Eagles zuhörend. Der Indianersommer hat nun wohlbegonnen. Gestern, nach dem Grizzly, kam der Mond hinter den Tannen hoch. Die Nacht war klar und kalt. Wachte einmal auf, der Kopf war zu kalt, deckte ihn mit Schlafsack Kopfbedeckung zu und schlief bis 8 Uhr. Null Grad morgens. Dampf auf dem Babine River und Nebel in den Baumspitzen. Der Tag war fantastisch. Klar und blauer Himmel. Mittags 12 Grad. Die Blackflies (Kriebelmücke) und Mücken trauten sich nochmal hervor. Heute konnten die ansonsten versteckten Berge, Schneeberge, schneebedeckt, ganz klar gesehen werden..
Habe die Benzintonnen und Teerpappenrollen vor dem Haus entfernt, wegen der Schönheit..
Ich, schlug vor, weil doch die Werbung mit Wildnis-Betonung arbeitet, und dann Benzinfässer am Strand vor den Holzhäusern.
Darin und die Sorgen..
Mann, mann, man.
Die Lachse sprangen wieder viel schöner als im Zirkus…
Kleine Riesen folgten dem Blinker und so mancher Brocken ließ unsere Augen sehr weit werden. Doch die Sockeye und Pink Salmon beißen ganz selten..
Gestern fing ich einen Pink Salmon auf Rapalla.
Jedenfalls fing ich heute Nachmittag einen weiteren Coho ca. 7-8 Pfund .. Am Ufer riss die 9 Pfund Schnur. Ich konnte ihn noch hinterm Kopf greifen nahm den Haken raus der verbogen war. Doch der Fisch konnte sich aus der Hand befreien und entkam so happy…
Heute keine Mäuse gefangen.
Natürlich AC-DC bis die Wände wackelten. Das hält die Mäuse aber nicht zurück. Die wackeln wohl mit.

14 September

Brillianter Morgen. Natürlich rappelte AC-DC wieder und wir drei machten nur Blödsinn. Tanzten..Und säuberten die Lodge..Denn heute kommen die ersten Gäste..

Waren angeln. Darin nervös weil Jim und Frau zurück kommen. Darin fing einen 7,5 Pfund Coho Lachs. Fantastischer Tag. Warm..Wolken leuchteten gegen blauen Himmel. Ich hatte dann einen riesen Fisch an der Angel. Gute 18-22 Pfund. Beim Springen schüttelte er den Haken los.
Jim meinte ich sollte Low Profile machen weil die Besitzer kommen und sehr Selfisch (Selbstsüchtig) sind.

Jim Ismond der Bär sagte mir also ich solle mich zurückhalten. Womit. Enorm diese Beherrschung der Menschen untereinander. Diese Bösartigkeit diese Besitzgier mancher Raubmenschen, naja, Menschen, das erlebte ich bisher nur mit Amerikanern. Die Festplatte von denen ist total voller Vieren und Dreck und Abfall gestopft. Die glauben sogar sie wären Amerikaner soooo blöde sind die noch. HoHoHo.

Ich geh wieder angeln.

Jim Ismond ist nun wieder zur Fischzählstation mit dem Boot gefahren, und dann weiter nach Smithers. Morgen kommen 8 Gäste. Ich bin ja auch Gast. Brauche aber bloß mein Zelt neben der Lodge zu stellen und schon bin ich kein Gast mehr und brauche also auch nicht deren Geiz deren SelfischNetz zu beachten. Mir hat kein Mensch was zu sagen wie und wo und wann ich was zu tun habe und wie ich mich zu verhalten habe. Das ganze Gekotze der Menschen basiert ausschließlich auf Habgierverhalten mit seinen Verlustängsten und damit verbundenen Bösartigkeiten des Rests der Evolution aus der Tierzeit der Mensch als Tier als Raubtier nämlich.

Das Ehepaar Ismond hatte in der letzten Woche in der wir hier alleine waren Gäste aus Südafrika. Am Kispiox River fingen sie dann ihre Lachse und Forellen und Steelhead. Darin holt morgen 14 Uhr die ersten Gäste ab.

Ich ging spätnachmittags nochmal angeln. Diesmal mit dem kleinen Backpack, Kamera drin, Äpfel, Schokolade, Fliegenfischzeugs ,Mückenspray, Regenzeug und das Gewehr, und dann los…..

Direkt auf dem Bärpfad. Dort gingen nur Bären entlang. Es waren nur Bärspuren zu sehen frische große und sehr große Bärtatzenspuren..Der Bärpfad war teilweise ein sehr schöner Tunnel, in dem ich gebückt durch ging. Mit Ohren größer als VW-Reifen und Augen weit offen bis zum durch Bäume gucken und fantasieren das dort hinten Grizzly's lauern…

Das mit den Bären ist doch nicht sooo angenehm. Immer diese extra Aufmerksamkeit. Selten das sonst so gewohnte unaufmerksame angenehme dahin trällern…

Isst eben anders hier..

Mir fällt jetzt ein dass ich Nachts einen schönen Traum hatte. Eine blonde junge Frau. In verschiedenen Städten. Einmal Ostblock, dann Los Angeles. Ich ließ mich in Verbindung mit dieser Frau im freien Fall fallen irgendwo in einem hohen Turm herunter. Ich fiel und fiel und fiel. Konnte so irgendwelchen Agenten vom Ostblock entkommen um so die blonde Frau sozusagen zu retten. Und der Freiflug wurde dann ganz sachte abgebremst. Denn es stellte sich heraus ich war an einem Seil angeschnallt das mich hielt…da war auch so eine Situation wo die Frau wieder 2 Liebhaber hatte….

Also auf dem Bärpfad war's mir zuerst auch nicht so geheuer. Auch mit Wut oder Pfeifen oder Singen nicht…

Nach einigen hundert Würfen also einigen Stunden ohne Biss kam Darin sich durch pfeifen und rufen ankündigen. Er war nun auf dieser Schwimmer Methode mit künstli-

cher Fliege eingeschworen. Jim tut's auch. Irgendwie sind Helden Vorbilder doch immer wieder gebraucht…
Kurz darauf kam Ted und sein älterer Bruder der eine Zahnprothese trägt mit Drahtgestell hinter den Ohren befestigt , auch hinzu..
Dennis der ältere Bruder von Ted trug einen 5 Meter Enterhaken um Lachse zu entern..
Wir vier stampften dann durch Dickicht auf dem Bärpfad und gingen einfach vorwärts bis zum Cohopool…Und dann weiter immer am Fluss entlang. Jetzt liegen schon mehrere Pinkis am Ufer. Die meisten haben ihre Augäpfel nicht mehr. Abgelaicht. Abgelegt. Nachts kommen sie dann aus dem Wald und laben sich dann an toten lebendigen, die Bären. Füchse , Wölfe, und so weiter. Als wir am Log-Jam-Pool waren war's auch schon wieder Zeit zurück zu gehen. Denn die Tannenspitzen wurden von der Sonne gestreift..
Auf dem Rückweg hatte ich dann meine tolle Polaroid Brille die Pol Brille verloren…Ich ging alleine noch hundert Meter zurück, aber das war's dann auch. Darin kam noch mit. Verdammt mit den Bären..Hier kann man noch nicht mal in Ruhe seine Polaroidbrille die Polbrille suchen…Die Empfindsamkeit von Darin und Ted war aber sehr nett. Sie boten sich sofort an meine Sachen zu tragen…
Höchstes Mitgefühl…
Ich wurde dann auf den Pfad Antibär Sympathie getrieben und sagte zu mir: Wenn mir nun ein Grizzly in die Quere kommt dann baller ich dem die Rübe zu Hackfleisch. Diese Polaroids sind wichtig beim Waten im Fluss, Tiefe kann eingeschätzt werden, Fische gesehen werden. Traute mich aber zu der Zeit nicht noch weiter zurück zu gehen. Denn jetzt wurde es düster und düster bedeutet hellwach für Bärlies..Die ich dann wieder nicht sehen kann schließlich habe ich keine Uhuaugen..

Was ist sonst noch neues gewesen außer der ewigen neuen ewigen. Ach ja, wir schlafen jetzt im neusten größten Holzhaus aber auch dem am entfernteste im Urwald..
Aber schön ist's dort..
Hatte sofort ein Ofen voll Holz angemacht um die Kühle zu verheizen. Danach den Fußboden gefegt.
Schlafe auf einer hellgrünen Schaumstoffmatte.. Direkt am Fenster, neben der Tür..
Darin schläft im Raum neben an. Und Dennis im gegenüberliegenden. Ich also im Großraum mit zwei Haustüren. Das Haus hat drei separate Zimmer mit jeweils zwei Betten. Neben mir liegt der Powerschuss. Das sorgt für Nachtruhe..

Ach ja, jetzt kommt's, Jim Ismond bot mir heute an doch bis zum Ende der Saison zu bleiben. Denn Ende Oktober, Anfang November wären dann nur wir hier. Keine Kunden. Dann sollte ich mit ihm Elch und Grizzly jagen gehen…Außerdem ist das Steelhead fischen dann am besten. Ja und mit dem Angebot gehen wir nun schlafen…Interessant wie sich meine **Kanu Tour auf dem Babine River** entwickelt hat. Nun soll ich also Angel

Guide werden und den Amerikanern zeigen wo und wie sie ihre Fische hier am Babine River angeln können. Prima sich einfach vom Leben mitleben zu lassen und mitmachen tuten täten taten..

16.9.84   10:18 Uhr

Regnet schon den ganzen Morgen..
Dafür gestern 1A Sunshine..warm und fantastisch..
Seit die Frau Kathy hier ist werden die Portionen kleiner. Die beiden Brüder sind sich meistens lachend am wemsen. Ich machte den Hauptteil der Gemüsesuppe, Kathy hat wenig Kenntnis von Suppen. Heute haben die US Fischer sie in ihren Thermoskannen.. die Suppe von mir..
Kleine Reibereien mit Darin weil er nicht mithelfen wollte die Polaroids zu suchen. Die PolBrille. So ging ich und das Gewehr auf Bärtrail auf die Suche…Schon nach 130 Meter vom Haus ganz frische Moos Spuren Elch Spuren..Er ist nur 1-2 Meter aus dem Weiden Unterholz herausgekommen und dann den gleichen Pfad zurück und ich auf dem Bärpfad… singend und pfeifend und Rufend damit die Angst sich Luft macht und die Grizzly's mich hören..Mensch war ich wieder hellwach. Aber ich fand sie. Genau in dem Tunnel durch Weiden, Erlen und Brennnesseln dort wo man gebückt gehen musste. Habe schon mein Urwald Hackmesser heute Morgen geschärft. Auf dem Rückweg stolperte ich singend wie ein mögliches Luftkissenboot dahin…
Als ich wieder im Camp war traute sich Darin nicht mich anzusprechen…Ich brach die Spannung… Muss feststellen dass Darin wohl weil er ein Sorgenmacher ist sich oft angegriffen fühlt wenn man ihn anspricht. Auch hat er die Tendenz das was man vorhat nach seinem Willen zu haben. Also Verstand hat der wenig weil er nicht zuhört. Irgendwie ist er innerlich negativ egozentrisch gelagert, nicht immer, aber sehr oft. Natürlich nicht mit Jim da traut er sich nicht, aber mit mir, mit den Kindern spielt er oder er kommandiert sie, also da hat er bei mir noch längst nicht den goldenen Apfel getroffen. Erst wenn er mir zuhört indem was ich will und vorhabe und sich nicht bockig stellt würde ich ihm die Hand reichen. Ich nehm's hin ohne was zu sagen. (Wer weiß was er für eine Kindheit hatte. Welche Schläge er bekommen hat und welchen anderen Murks die Eltern auf ihn gewälzt haben)
Mir fällt auch auf das hier der Schwerpunkt im Sprechen auf Fantasie, Wünsche, Hoffen, gelegt wird, ohne auf das was wir Wahrheit nennen etwas zu achten, so als ob das Wahre in einer Beobachtung oder Beschreibung erst garnicht versucht wird zu formulieren. Viel Übertreiben und Lügen. Ich fange an auch schon so ungezwungen freizügig zu quasseln…
Was ist schon Wahrheit haben schon sehr viele Demagogen gesagt..
Genau das ist die Philosophie der Werbung..Und das ist eben Gift..

Darin wollte um 13 Uhr zur Fischzählstation fahren um dort auf die ersten 8 Klienten zu warten…

Ich wollte mit ihm mitfahren. Der Motor startete wieder nicht. Es ließ sich kein Benzin in den Vergaser pressen..Erst als ich ihm sagte er soll mit dem Fuß die Handpumpe pressen floss Benzin durch die Vergaser..Ideenreich ist der nicht..Das dumpfe in ihm überwiegt.. Auch kann die Abhängigkeit von guten Stimmungen gesehen werden was bei mir nicht der Fall ist ich bin ausgeglichen und ruhiger..Nicht so nervös..Obwohl,,,ich ließ mich wieder am gleichen Platz aussetzen an dem ich am Tag zuvor den riesen Steelhead dran hatte…Schon nach dem zweiten Wurf ein solider Biss. Kräftig zog der Fisch Schnur von der Rolle. Ich hatte aber nicht die Knarre an in dem Moment als der Biss erfolgte und musste so mit der Hand die Stationärrolle bremsen, was natürlich bei solch starken Fischen der Verlust des Fisches ist. Denn hätte ich einfach freien Lauf gelassen wär bestimmt die Schnur vertüddelt geworden denn die Spule hätte sich bei solchen Kraftzügen des Fisches ganz schnell gedreht und dadurch spult sich dann mehr Schnur ab als eigentlich gebraucht wird. Sozusagen der Eigenschwung der Rolle tut das dann und dann war sowieso Schnurriss, und so bremste ich eben mit der Hand..Doch schon nach Sekunden riss die Schnur, Stein, i guess…Jedenfalls ist das der Platz dort sind die großen Chinooks. Die über 50 Pfünder. Und das war einer der sprang nicht. Das war reine Superkraft. Enorme Kraft..50 Meter UpRiver sah ich dann zwei riesen Chinooks. Sie waren beschäftigt ihr Laichbett zu bauen indem sie sich auf die Seite legten und dann mit dem Schwanz eine Mulde ausfächerten..Die ließen sich durch meine 3 Meter Entfernung nicht stören..

Zwei Amerikaner kamen mir dann entgegen. Zuerst einer. Ein sympathisch aussehender Übersechziger. Reich, ganz klar. Beste Kleidung bestes Angel Equipment. Er ist seit gestern im oberen Camp. Hat gestern einen 10 Pfund Coho gefangen. Wird ihn zum Räuchern fertig machen..Das ist der beste Pool im ganzen Fluss hier, meinte er. 28 Pfünder Steelhead im letzten Jahr erzählte er. Er hängt jetzt in L.A. bei mir zu hause.

 Nach dem dritten Wurf hatte er einen Biss. Ich hörte sofort auf zu fischen. Wollte Portraits machen. Der Fisch hatte sich in der starken Strömung festgesetzt. Ich hätte Steine zu ihm werfen können wollte mich aber nicht einmischen. 20 Minuten stand der Fisch dort ohne sich von der Stelle bewegen zu lassen. Hier wird sehr viel vom Equipment verlangt. Alles muss sehr sehr solide sein..Der Chinooks machte dann einen kräftigen Zug und weg war er dann. Da schauten wir dann stumm herum. Was war passiert denn der Fisch war solide gehakt. Eben die schwächste Stelle gab nach. Und das war der Zwischenring zwischen Blinker und Haken. Ausgebogen. Kein Federstahl Ring sondern Eisen. Das war's. Alleine der Wasserdruck auf der Schnur die 60-70 Meter im Wasser ist, ist schon enorm, und wieder ein 15 Mark Blinker im Mund eines Lachses. Vielleicht fange ich den wieder. Der Alte schaute dann auf meinen Rucksack mit Gewehr und sah die Winchester Model 37 A. Grizzly's sagte ich dann bloß.

Er schauderte…

Hier, Grizzly's sagte er…

Ja, Riesen,,die haben hier sehr viel Nahrung und in ein zwei Wochen werden Millionen toter Pink und Sockeye Lachse am Ufer liegen, an denen die Bären und andere Lebewesen sich laben werden.

Als sein Angelfreund kam eine ähnliche Situation. Fisch gehakt und wieder verloren. Inzwischen war Darin schon mit den ersten Klienten vorbeigefahren..

Das Blinkern hatte keinen Erfolg mehr. Wir hatten unsere Chancen und die Fische waren stärker.

Auch Jim Ismond kam vorbei. Er fragte ob ich was gefangen hatte. Ich sagte ja. 2, einen verloren, einen gelandet aber nach Photomacherei wieder schwimmen gelassen. Das gefiel ihm sehr.

Very good Wolf rief er stark lächelnd herüber. Sein Boot war voll bepackt mit Koffern..

Das Wasser sieht hier ruhig aus, aber es ist eine Täuschung. Eine sehr starke Strömung rast hier entlang. Das brauchten die riesen Fische. Wasser um 150 bis 250 tief und stark fließend.

Die Cohos werden in ruhigen Seitenpools gefangen.

Ich bin natürlich nun ganz drauf aus einen dieser Riesen Chinooks zu landen und zu räuchern für München…

8 Chinooks per Tag sind erlaubt obwohl sie ablaichen..Soll aber ab 1985 auf 4 reduziert werden. 1 Steelhead am Tag oder 2 pro Saison dürfen mit nach Hause genommen werden..

Das Angeln ohne Drilling gefällt mir sehr gut. Werde für die Zeitschrift Blinker unter „Meiner Meinung" einen Bericht darüber schreiben. Die Fische lassen sich leichter lösen und der Verlust von festgehakten Blinkern ist geringer. Obwohl der auch sehr hoch ist.

Als ich dann wieder alleine war und mich nun auf den langen Rückweg machte, wieder auf dem Bärpfad, der am Fluss entlang führte und überall die Bärspuren hat, merkte ich sehr bald das mit der Angel aus dem Rucksack stecken, Fliegenrute, in der rechten Hand das Gewehr in der linken die Spinnrute, in dem dicken Jungel, kein gutes vorwärts kommen war. Ich ging dann zum Fluss runter und würgte mich da durch tiefe fast brusthohe Wasserlöcher und an ins Wasser gefallenen Bäumen vorbei. Was für eine gefährliche Plackerei. Schon bald hatte ich die Fliegenrutespitze verloren. Die vielen Äste müssen sie rausgezogen haben. Ende vom Fliegenfischen für mich. War mit in der wilden Verfassung aber auch egal. Schwitzend und Wütend vom andauernden abgleiten der Steine und möglichem Bad und mehr bei den Stromschnellen zog ich mir die Textilien aus. Aß einen Apfel und Stück Schokolade während Weißkopf Seeadler über mir ihre Kreise flogen, und aus ihrer Höhe die Skeenan Mountains im Babine Provinzial Forest mit schneebedeckten Bergen sehen konnten. Andauernd pfeifend Bären warnend erreichte

ich dann fast den Log Jam Pool und angelte noch eine Zeitlang. Der Fluss ist dort voller Sockeye in den schönsten Farben Rot und Grün . Die Hälfte vom Weg war geschafft. Und dann kam unerwartet Darin vorbeigefahren. Er wollte zum Manson Camp um dort Schmierpumpen für die Bootsmotoren zu besorgen.
Verdammt, alles um sonst vom mir, könnte man denken, wär ich vorhin dort am Chinook Pool stehen geblieben hätte ich nicht die Angelspitze verloren. Darin meinte das der Doktor ,High ist sein Name, schon besoffen am Camp herum wüstet. Er ist einer der zwei Besitzer des Camps. Es ist so als wenn sehr viele Männer, wenn sie aus der Stadt herauskommen in die sogenannte Wildnis was ja falsch ist, das ist nämlich keine Wildnis, das ist Home für Lebewesen , sowas wie die Sau raus lassen müssen.
Ich geht jetzt Angeln trotz Regen..
Abends dann die Gäste..
Meine Suppe wurde in den besten Tönen gelobt.

Montag 17.9.84   8:09 Uhr

Heute um 5 Uhr morgens aufgestanden. Frühstück für die Gäste gemacht. Fange an zu überblicken ob ich hier nicht zu viel mache für das was ich bekomme.

Gestern prima Fisching direkt vor der Lodge. Fing 2 Cohos 11 und 13 Pfund. Hatte wieder einen sehr großen Steelhead an der Angel. Er tanzte und machte Luftakrobatik bis er Bauch oben schwamm und dann brach doch tatsächlich der Haken genau mitten durch.

Beschreibung von den Menschen, Kathy, Ted, Dennis.

Mir taten die Hüften weh vom langen gegen das Wasser stemmen und drehen und werfen. Dennis fing einen ca. 6 Pfund Steelhead.
Nach 17 Uhr kamen dann die beiden Boote mit den Gästen zurück. Jim's Boot fing gut. Mike fing seinen ersten Steelhead an der Dry Fly..
Darin's Gäste fingen nichts. Er musste sich die Meckereien der Gäste den ganzen Tag anhören. War dementsprechend sauer. Wie mir schon auffiel kann man das Böse in seinem Gesicht sehen wenn man ihm in die Augen schaut.
Jim fing an mir zu erzählen das der Dr. High ihm gesagt hätte das ich nicht im Fluss fischen soll wenn seine zahlenden Gäste hier sind…Ziemlich unbedacht von ihm, war meine Antwort zu Jim. Denn der Fluss gehört ihm nicht. Jeder kann hier Angeln und tun wie er will..Aber die Bösartigkeit der Gier und damit verbundenen Herrschsucht ist enorm bei einigen Amerikanern. Manche denken und glauben sogar Kanada wär nur dazu da um sie zu bedienen und sie sich frei bedienen können gegen jegliche anderen Menschen. Es ist schon interessant zu sehen in welchem dumpfen Seinszustand viele

Amerikaner geblieben sind. Da sie tagtäglich auf Hochtouren Kapitalismus getrimmt werden ist ihre Festplatte ziemlich verkleistert mit National und Material Murks. Die sind einfach innerlich Blöde geblieben und wissen garnicht was Befreiung und Freiheit wirklich ist. Ist ja auch kein Wunder die wollen einen Traum leben anstatt in der Wirklichkeit der Wahrheit anzukommen mit all ihren Erleichterungsmöglichkeiten und entfaltenden Liebespotentialen und mehr…Ho Ho Ho.

Ich selbst denke mir das aus den Kombinationen die hier unter den Menschen ablaufen hinsichtlich ihrer Rhetorik, das keiner dem anderen traut, das alle diese Maske der Freundlichkeit aufrechterhalten, auch wenn sie sich angiften. Schlimme Sorte von Tieren diese Wesen hier. Eine potentielle Mörderbande und Saubande ist in die Stille und Schönheit dieser Natur der sauberen gekommen. Amerikanischer Abfall mit Besitzgier und Doktor Titeln das typische Rohfleischfress - Gemüt des Raubmenschen ist hier..
Ich schaute mir an wie sie versuchten einen zu benutzen und auszunutzen. Und Jim Ismond mit seinem Palaver, das die anderen was sagen, er aber nicht, und ich mich unsichtbar machen soll, direkt Blöde dieser Typ und mit der Zeit wird das immer schlimmer..
Unter Raubmenschen oleeeeee.
Er watschelt hier herum wie ein Bär. Defensiv und schlagbereit angriffsbereit richtig ekelig so ein Seinszustand ohne jegliche Achtung auch vor sich selber aber vor allen Dingen der Freiheit wegen..
Diese Art zu leben, also Gäste zu haben für die du sorgst, kochst, die meckern wenn kein Drink an Bord ist, dies ist mir zu primitiv. Diener für Geld zu sein..Nein danke…
Denn sie selbst reden dann negativ über die Gäste.
Was für ein Weg so durchs Leben zu gehen..Interessant was aus meiner ursprünglichen **Kanu Tour** geworden ist und welchen Einblick ich hier bekomme in die Murksmentalität der US Raubtier Bürger mit Doktor Titel und hohen Positionen. Das kann nicht gut gehen sowohl national als auch international wo diese sage ich mal Noch Halbaffen ja mit Atomwaffen und Panzern und all ihre Killpotential so tun als ob sie die guten wären dabei sind sie in ihrer Entwicklung stinkige primitive Raubmenschen geblieben-

Einer der Gäste trägt sehr bunte Angelsachen. Sein Name ist Ewing…..!!!

Die Kinder müssen hier rann. Ihre Eltern zahlen ihnen 75 Dollar im Monat. Müssen um 5 Uhr aufstehen und um 22 Uhr abends den Generator aus machen.

Bei mir scheint abends der Mond durch's Fenster. Wenn wir ins Holzhaus gehen mache ich noch den Ofen an. Das Feuer knistert und knackt im Holz, und später wenn die Kerzen gelöscht sind leuchtet das Feuerlicht durch die Ofenritzen. Darin, Ted, und Dennis,

meistens Darin und Ted unterhalten sich dann noch im Dunkeln über Brüste und Mösen und Ficken. Darin ist 19. Dennis ist 13.
Letzte Nacht wachte ich auf denn die Wölfe riefen sich ihre kanadischen Wildnisgrüße zu. Ihre Naturgrüße. Ihre Heimatgrüße. Die haben's gut im Urwald.

Geh jetzt wieder angeln.

Später…..Das mit dem Angeln war wohl für manche der hier Anwesenden Gäste viel, viel, aber auch sehr mutch to viel….
Morgens nach dem Frühstück da war noch alles so ziemlich solide hier. Dann, der Fluss ist über Nacht so gute 40-50 Zentimeter gestiegen und er ist unklar. Die Gästeangler kamen von UnterRiver also Downriver zurück. Sie hatten nichts gefangen und machten hier Rast. Aßen ihr Süppchen auf dem Boot vor der Lodge. Einige angelten aber trotzdem. Ich nahm die Kamera und machte einige Front Coverfotos. Dann fing auf einmal der Bärtige, der Stories für Angelzeitschriften macht einen Fisch. Steelhead…Er schrie…Ich hatte die Kamera in der Hand und lief gleich zu ihm um dem Spektakel zu huldigen. Als er dann nach einiger Zeit, er schrie mich an, aus der Umgebung zu gehen, weil er später Fotos machen wollte. Der Fisch sprang und um ihn nochmal zum Sprung zu bringen hielt er die Rute flach und ins Wasser. Nice Fisch. 14 Fotos waren gemacht. Ich nahm meine Angel und fing an zu fischen…Da giftete er mich doch tatsächlich an: Wolf i don't think that you should be fishing here. Also Wolf, ich denke das du hier nicht angeln solltest.
How do you reason that out, i answered from afar, loud. And i throw another Line..I don't develop thoughts that I might get my 12 gauge shotgun with slugs. His friend who just came along called to me: Wolf don't think mutch about him, go, do you're fishing. I went then to this guy and he started talking: Wir bezahlen 1350 Dollar die Woche. Es ist nicht üblich das diejenigen die zur Lodge gehören auch hier angeln und uns die Fische weg angeln.
Trotz des wohlformulierten Satzes dieses Mannes (Jim Vincent) stach die Gier heraus. Naa ja ich ende hier mit der Beschreibung und fülle es aus beim Original.

Später gingen Dennis und ich alleine hinter dem Cohopool angeln. Dennis fing eine 5 Pfund Dolly Varden und danach hatte er eine mächtige Steelheadforelle dran. Fantastisch wie sie sprang und kämpfte. Aber sie got away. Er hielt die Rute wieder nicht hoch genug.
Viele Bärspuren am Ufer. Ich fing wieder nichts. Wir gingen dann durch den duftenden Wald zurück. Mit zwei Menschen ist die Hypervorsicht hinsichtlich Bären vorbei. Für mich ist es jedenfalls klar, alleine bin ich dafür nicht zu haben.
Als die Zahlfischer zurückkamen hatte Darin dann Lust zum Angeln. Er hatte keine Lust das Benzin zu filtern. Ihm war langweilig den ganzen Tag da zu sitzen. Also lass uns

angeln gehen ich kenn prima Pools down River sagte er zu uns. Okay…
Also vorbei an Moosspuren. Vorbei am Biber der keinen Damm hat sondern in dem Uferhang seine Höhle hat die vorne mit frischem Geäst vollgestopft ist. Vorbei an Grizzly Spuren an Hirschspuren Wolf und Fuchs. Dann durch das Bachtal wo sich ein Biber einen Biberkanal gebaut hat so 50 Zentimeter tief und hinein in den tiefen dicken ruhigen Wald mit dem Teppich aus Moos und voller Pilze hinauf auf ein Plateau, gefallenen Bäume überquerend **und dann das Stück Fleisch** und der Lagerplatz, ganz, ganz, ganz, frisch. Lass und hier ganz, ganz, ganz, schnell verschwinden das ist der **Fressplatz eines Bären**…Im gleichen Moment als ich das Fleisch, den Platz, erblickte kam ein direkter intensiver ich nenne es tierischer Instinkt in mir hoch der äußersten hochvorsicht der extremsten Gefahrensituation und sogar meine Haare im Nacken stellten sich auf. Das war das einzige Mal in meinem Leben das ich sowas mit erlebte diesen Nackenhaargefahrbericht. So wie Bären oder Hunde die ja auch bei Gefahr ihre Nackenhaare aufstellen. Aber die Situation war ja auch superextrem gefährlich. Das hätte Bärangriff sein können. Fress, Nahrungsverteidigung. Und weg waren wir.
Wieder am Fluss der noch hoch und trübe war bissen die Forellen einfach fantastisch. Dolly Varden. Regenbogen. Die Regenbogen waren in den schönsten Farben. In Europa habe ich noch nie solche Brillianz der Röte gesehen. 10, 12-mal sprangen sie bevor sie alle wieder zurück gesetzt wurden nach den landen.
Abends fummelten wir in der Küche herum. AC-DC sehr laut. Darin nahm sich ein Glas voll Whisky von den Gästen die alleine in ihren Holzhäusern waren.
Die Kinder müssen abends bis 22 Uhr wach bleiben um den Generator aus zu machen. Die Eltern schlafen dann schon. Abends machten wir dann noch Blödsinn. Verstellten unsere Stimmen. Feuer knisterte im Ofen. Wir schliefen alle schnell ein denn wir hatten Schlaftee getrunken, viel Kamille dort drin.
Nachts dann der Bär ums Haus und meine Haare stellten sich wieder hoch es war 3 Uhr morgens. Um 5 Uhr wieder aus dem Schlafsack.

23 Fisch hookt in 3 Days.
17 Fisch landet in 3 Days
Superwoche 25 Fisch 30% mehr mit der Spinnrute.
Durchschnitt 10-12 Pfund
Einen Bericht über SchwimmFischen über Lachs und Steelhead schreiben.

Hoch am so und so Pool ist zweimal vom gleichen Angler ein riesen Fisch gefangen worden der wieder los kam. Angeblich ein neuer Weltrekord Fisch. Könnte der gleiche sein, den ich hatte der mir abkam…
Jim voller Fischwissen…

Früh morgens ich in feiner Stimmung. Jim brummig wie ein Bär. Der Gasofen geht aus. Darin steht muffelig am Ofen und wärmt sich obwohl der Raum sehr warm ist. Jim wird sauer das keiner die Gasflasche gewechselt hat. Darin geht raus kommt zurück und sagt die Flaschen sind voll. Doch das Gas geht nicht. Ich rühre den Bannockteig. Jim sendet Darin und Kinder wieder raus um zu reparieren. Jim wird richtig sauer. Gestern sollte er das Benzin filtern, nein er geht angeln, jetzt kein Gas und die Gäste wollen ihr Frühstück bald. Dann lief das Gas wieder
Jim sprach zu seiner Frau dass er, wenn er so weiter macht, ihn feuern muss, sauer…
Sie antwortete, well, sag's ihm, nicht mir…
Ich antwortete auch, das stimmt..
Jedenfalls hatten die beiden dann die Szene vor mir und Darin schmiss alles hin. Ich hatte ihm zuvor mitgeteilt was Jim sagte…
Sooooo, und dann hatte ich auf einmal diesen Job. Assistent Guide mit Boot und all dem Zubehör. Und 40 Dollar pro Tag. Jim wollte mich bis zum Saisonende…
Ich hätte es ja gemacht aber München. Obwohl ja„so lange, ich käme mit 2500 DM extra heraus und würde wohl jede Menge Steelhead gefangen haben, wäre Jagen gegangen….
Zuerst wurden einige Testfahrten mit dem 50 PS Boot gemacht. Das erste mal klappte gut. Aber der Fluss ist lang. Dann machte ich eine Fahrt alleine hoch bis durch den engen schnellfließenden Log Jam Pool und da geh ich auf Kniestation um besser Balance zu haben denn ich hatte die Strömung zu weit draußen genommen schaffte die Kurve ohne gegen die Bäume zu hauen,„ohhhlala„ohlala…
Ich bringe dann die Angler raus und die fischen während Kitty Vincent, die Frau vom Mann der mich anmaulte darauf wartet das die Angler einen Steelhead fangen und sie ihre Fotos machen kann die dann Front Covers für Fisch Magazine werden sollen..Ich rede mit ihr Stundenlang..Die wollten dann, dass ich, weil sie Fun haben wollten, die deutsche Nationalhymne singe, während ich sie durch die Stromschnellen fahre. Das verneinte ich weil ich nicht viel von National Hymnen halte aber dafür ging auf einmal vor den Stromschnellen der Motor aus….und das war dann der Fun..
(Nachts fliegen schon die ersten Gänse gen Süden)
Seitwärts auf und in die Stromschnellen hinein..Alles okay..Ich hatte den Choke angelassen…

Im Pool vorm Haus heute wieder viel Fisch.
Wieder eine Maus im Käfig als ich hier alleine drauf wartete den Generator auszumachen denn die Kinder sind müde..
18.9.84 Anfang der 40 Dollar Guiding.

19.9.84   6:51 Uhr

Mir fällt auf das viele der Angler Schwören, Fluchen, wenn sie in einen Fisch hakten, what a cocksucker und so weiter. Jedenfalls hatte von denen selten einer die Wachheit der Schönheit. Zu schade. Gestern als ich, obwohl sie den 7 Pfund Steelhead für nicht so wichtig hielten, erwähnte, wie schön er ist, da gingen sie auch darauf ein…
Um 7 Uhr ist die Sicht so dass ich bis zur Kurve Bäume sehe…
Also diese Angler gehören also zur Nordamerikanischen Fliegenfischer Elite…
So sind die also….
Die Themen wiederholen sich. Ich mach dieses Guiding nur bis zum Wochenende denn danach will ich selbst meinen Steelhead angeln..
Wenn er bis dahin keinen Ersatz gefunden hat mach ich's bis zum übernächsten Wochenende an dem ich ja selbst zurück nach Smithers fahre, aber nur unter einer Bedingung, nämlich das ich als Guide auch fische…Okay Wolfgang. Ja okay Wolfgang..
Wenn sich der Tieffrieser (Tiefkühler) einschaltet dimmen die Lichter einige Sekunden..
So, jetzt bin ich wieder als Guide draußen, der Nebel steigt noch vom Wasser. Der ruhige Amerikaner der nicht beim haken des Fisches flucht hatte eben einen ca. 15 Pfünder dran. Wurde nach 10 Minuten nicht gelandet. Der Fisch ging Flussabwärts und er hatte mit dem Fisch gehen sollen. Ob dass das Alter ist das fest auf einem Platz verweilt.
Ich ging dann zu ihm und fragte was er beim nächsten mal anders machen würde und er sagte : Mit dem Fisch gehen..
Jim, der ruhige, der mir vor kurzem seine andere Fliegenrute anbot eine Sage Rute, er ist mit dem Besitzer befreundet und bekam sie so viel günstiger, er hatte eben den größten Steelhead gefangen den ich bis jetzt hier sah. 23 Pfund. Jim war fast müde als er ihn mit Hilfe von Mike Ewing landete.
Später meinte er, er würde es nicht schaffen ihn zu fangen…41 Inch lang..Bis jetzt 4 Fische 2 gefangen. Schöner warmer Tag heute. Ich sitze hier und schaue zu..

Fast Ende des Guiding Tages 2. Die Fischermänner fischen bis zur Müdigkeit. Bis zur Unfähigkeit des Balancierens Wurfs.
Von morgens 7:30 Uhr bis 17 Uhr nachmittags.
Der Verwesungsduft der toten Sockeye und Chinook wird stärker da ihre Menge stark zu nimmt.
Die Angler meinen ich mache einen guten Guide.
Na also..
Stelle fest das die Steelhead die ich mit der Spinnrute fing alle kräftig sprangen, wogegen die heute mit der Fliegenrute gefangenen nicht, und wenn, dann schon wenig, wahrscheinlich ist der Hakenwiederstand beim Spinnen größer, wogegen bei der Fliegenrute

er weicher ist…
Heute beim Abendessen hörte ich die besten Komplimente über mein Guiding. Sogar Jim der mich anfauchte schwärmte..
Ich selber machen nun große Mengen Fotos da hier so viele Steelhead gefangen werden…
Jim heuerte mich schon für nächstes Jahr,. Ich nahm an..

Heute Morgen wurde eine Maus in der Falle gefangen. Sie werden lebend gefangen. Dennis nahm die Falle raus und öffnete sie und Hopps die Maus sprang raus und flitzte gleich wieder in Richtung Haus ohne das er sie wieder fangen konnte..
Die Angler und ich auch, gehen jetzt schon um 21 Uhr schlafen..

20.9.84   13:46 Uhr

Well, sind heute schon früh zurück. Kein Fisch gebissen.
Gestern um 22:30 Uhr wir lagen schon im Schlafsack, knallten auf einmal 2 Schüsse durch die Nacht. Ich sprang auf und wusste sofort: **Bär im Camp.** Griff mein Gewehr und legte es neben mir. Dann fummelte irgendjemand mit der Taschenlampe herum. Ich konnte dann nicht einschlafen..
Hatten sie den Bär erlegt. Ich nahm danach sofort mehrere Streichhölzer und steckte sie in die Hemdtasche dass ich trug, damit ganz, ganz schnell die Kerze angesteckt werden kann falls er versucht hier rein zu kommen. Aber welche Tür…Hinten oder Vorne…
Ich würde mich dann blitzschnell auf das Zwischengebälk schwingen um von oben auf ihn zu ballern..Diese Vorstellung ließ mich längere Zeit nicht fest einschlafen…
Morgens gab Jim uns dann sein geschieße..
Der Bär war zwischen den Blechbüchsen am herum klappern. Er, Jim, ging raus weil seine Frau nämlich auf Toilettchen war, fummelte mit der Taschenlampe herum und sah das glitzern der Bär Augen vor dem Haupthaus nahe der Küche. Der Grizzly stand auf um die Situation zu überblicken, er machte Männchen. Dann schoss Jim zweimal und traf Luft. Der Bär flitzte aus dem Camp.
Ansonsten heute nur zwei Fische.
Neues Arrangement mit der oberen Lodge. Ab Mittag kann gefischt werden wo ein Platz frei ist…

Wieder viele Komplimente gehört, dass ich den Fluss gut befahre…

Dritter Tag. Heute 120 Dollar verdient.
Morgen bekomme ich mein Guiding License.

Heute Morgen Null Grad. Eis auf den Bootssitzen…
Machte Feuer am Flussufer..
Kitty will den ganzen Tag reden..
Ted und Dennis haben Dach gedeckt..
Die Amerikaner sind lustige Burschen..
Habe Einladung nach Iowa bekommen…Zum Fliegenfischen…
Was wird Bonzai (Geliebte in München) wohl machen. Schön sie wieder zu sehen..
Die Angler haben alle Bärschisssss.
Der Fluss ist wieder flach und klar..

21,9.84   20:16 Uhr

Hallo ihr People
Sitze hier , das Feuer knistert n'Bier am süppeln, Ted, Dennis, Cathy sitzen herum, lesen, jeder faulenzt. Nach dem Koch und Bedien -Trubel der ersten Woche. Heute Morgen fuhren wir alle nochmal Down River zum Angeln. John Simms, Jim Vincent, Helikopter, aber keiner fing einen Fisch…
Nach dem Essen , saftige Hamburger, frisches Gemüse, zuckelten wir los, ich hatte Jim zu folgen, aber er fuhr gleich los ohne auch nur das geringste zu sagen..Schwer beladen fuhren wir dann auch los..
Auf den turbulenten Stellen hatte der 50 HP Motor Mühe uns hoch zu schieben aber wir machten es…Kurz vor der Brücke gab der Motor dann auf..Im flachen Wasser trieben wir auf Grund..Wasserpflanzen hatten sich vor die Ansaugschlitze gepfropft…
Das war schnell gesäubert aber das Boot war ziemlich zwischen Felsen festgeklemmt. Ich steig aus und manövrierte solange herum bis es frei wurde, ich den Motor anzog und ab ging's…Doch schon Sekunden später war er wieder putt putt putt…So zuckelte ich ganz langsam zur Brücke auf den Sandstrand und reinigte dann nochmals die Ansaugschlitze und dann gingen die letzten 200 Meter durch Massen von Pink Lachse und Sockeye Lachse und King Lachse bis zur Anlegestelle…
Jim war schon da…Klar…Schnell wurde umgepackt mit den dollsten Komplimenten verabschiedet, viele wollten mich sehen, zum Angeln..
John Simms bot mir an alles was ich von seinen Produkten zum Angeln brauchte zum halben Preis zu bekommen.
Man ließ mir das Bier, jedenfalls war ich sehr schnell wieder auf dem Fluss, und merkte das Kitty und ich sich garnicht verabschiedet hatten..Langsam tuckerte ich über die Lachsmassen.
Einmal strandete ich noch mitten im Fluss. Mensch ist der hier flach. Fluss runter ist es komplizierter als Fluss hoch. Das einschätzen der Wassertief ist komplizierter..Ich Stoppte dann am Big Pool um zu fischen. Hatte heute Morgen schon alles im Boot

verstaut auch das Gewehr. Kein Biss, aber Regen, Regen, Regen...
Am Coho Pool fing ich eine schöne Dolly Varden und danach einen Coho der sich befreien konnte...
Die Leute von der anderen Lodge schauen einen fragwürdig an, als sie mich dann nun auch Angeln sahen. Jim Besorgt mir nun ein Guide Zertifikat. Der Doc bezahlt es.
Wieder im Camp erst mal Pinkeln. Im Haus sind Ted und Dennis. Ich nehm mir erst mal ein O'Keefs Extra Old Stock Bier. Was für eine Ruhe im Haus.
Dann zeigt Ted und Dennis mir mit Lächeln die Trinkgelder die uns die Gruppe hinterlassen hatte, 280 Dollar. Davon waren 34 Dollar für Ted und Dennis. 80 Dollar für Cathy und 80 Dollar für mich...Schöne Überraschung..
Nach dem Bier und Trinkgeld zog ich mir mein Angelzeug an und fischte den Pool vor'm Haus..Und mensch war der produktiv. Ich fing drei Steelhead. Also diesmal hatte ich den dreh raus. Einer war ca. 18-20 Pfund.
Einfach fantastisch wie schwer so ein Fisch kämpft, springt, und wie leicht der Biss ist. Das Steelhead Wunder..Also hatte ich drei verloren drei gefangen und wieder schwimmen gelassen..
Abends machten wir nochmal den Ofen im Esshaus richtig Rotglühend...
Jeder las bis er Müde war und das ist hier jeder sehr früh. 21Uhr sind wir im Schlafsack. 5:30 Uhr wieder raus..
Als wir dann zum Generatorhäuschen gingen wo Ted das Licht fürs Camp löschte und ich die Shotgun in der Hand hielt waren wir von Millionen Sternen befunkelt und ganz still standen die Nadelbäume...
Im Loghaus machten wir ein Feuer im Ofen das er Rot glühte und Zipp waren wir eingeschlafen...
Samstagmorgen wachten wir erst um 8 Uhr auf.
Ich duschte erst mal ausgiebig..Keiner kümmerte sich ums Frühstück..
Danach fuhren Dennis und ich zum Babine Spezial Pool. Der Tag sah fantastisch aus. Kleine weiße Wolken blauer Himmel. Direkt vor unserem Pool saß ein Adler und schaute uns dann zu...
Ich fing an diesem Morgen wieder drei Steelhead und zwei befreiten sich...eine schöne Regenbogenforelle und eine Dolly Varden.
Dennis nilllll..
Mittagessen wurde auch nicht gemacht. Ich trank Messmer Pfefferminztee und aß einen Cookie. Legte drei frische Tanks voll Benzin ins Boot und ab ging's Flussaufwärts.
Allein geht's locker hinauf. Doch kurz vor der Brücke wieder alles voller Wasserpflanzen.. raus und so weiter...
Am Wheel springen die Chinooks lustig herum.
Langes Gespräch mit den Fischzählern am Wheel. Cohos, große Chinooks..

Neue Gäste. Boot proppen voll. Sieben Personen. Zweimal gefährlich gedreht mit dem vollgeladenen Boot und den 7 Neulingen. Aber sie nahmen es als Abenteuer und lachten danach. Obwohl ich da gefährlich gegen das Ufer getrieben wurde und von der starken Strömung auf einmal plötzlich kontrollierlos gemacht wurde und das Boot Spielboot der Flussstärke wurde.
Wasser wieder sehr shallow.
Andere Menschen. Kriminal Mörder Inspektoren, Ärzte, Leichendoktoren. Und viel Alkohol und die boten mir sogar Whisky an auf der wilden Fahrt runter.
Gefangen wurde gut.
Essen prima.
Einer redete von Vietnam. Spricht Mandarin. Wie sie sich gegenseitig andauernd lobten.
Ich hatte den größten schmerzhaftesten Oberschenkel Krampf seit ehhh und jeeehhh. Das war Pain..

23.9.84   17:46 Uhr

Fertig mit der sehr angenehmen Arbeit.
Ein Rechtsanwalt
Orthopädischer Chirurg
Policeman
Engineer

Was wurde an diesem super Sonnenscheintag gefangen.
2 Steelhead gelandet und 4 nicht in meiner Gruppe.

Morgens Frost Minus 2 Grad
Die Boote sind mit Reif bedeckt. Das Wasser ist im Abfluss eingefroren.
Mensch Fluchen diese Angler wenn sie einen Fisch fangen. Cocksucker, old damned son of an bitch, und Fucking ist vor jedem anderen Wort…

Da ist ein neuer Guide für mich, wenn ich Freitag nach Smithers schipper.
Bob McIntire ehemaliger Lehrer 44 sieht aber aus wie 66, ehemalige Trinkprobleme und Rauchprobleme. Der hat für 3 Wochen hier 1000 Zigaretten mitgebracht.

Mach nun die Steelhead Forelle fon Suppe..

Was ist sonst noch neu…

Ach ja, der fantastische Stellar Jay Vogel kommt jetzt auch hier vorbei und auch Canada Jays oder Whisky Jacks.
Die Vögel sind sehr zutraulich. Ted und Dennis versuchen sie zu fangen. Ich rede ihnen zu es nicht zu tun sondern sie freiwillig kommen zu lassen. Dann hätten sie echte wilde Freunde. Das gefiel ihnen..

Diese Amerikaner schmeißen ihre Wörter sehr wild herum. Unten drunter ist der Boden oft aus Aggressionen, trotz minutenlangem Lächeln etc.
Die Kinder haben Spaß indem sie sich gegenseitig anfurzen..
Fing diesen Steelhead mit Kescher heute, Haken noch im Maul ca., 14 Pfund. Brachte ihn zum Camp, filetierte ihn und aßen ihn heute Abend..

Diese Gruppe der Amerikaner ist Gruppenstark. Sobald einer nicht redet sinkt er in sich zusammen und wirkt mickrig. Das hängen an der Sprache ist sichtbar.
Als wenn sie keine Menschen wären oder waren, wenn sie mal ruhig, still, wären..
Die Amerikaner, meistens Spinnfischer diesmal, trinken haben ihren Whisky und spielen heute Abend ihren Poker..
Heute Morgen der Bär, das Knacken, im Wald zweimal als wir Lobo fischten..

Die Kinder machen zwar die Küchenarbeit, aber in unserem Haus oben am Hang, da krümmen sie keinen Finger, alles ist am Boden Schokoladenpapier, Socken ,Hosen, Die Hottentotten sollen ähnliche Verhältnisse gehabt haben…

18-19-20-21-22-23-24-25-26-27-28, ist 11 days guiding 440 Dollar und 80 Dollar Tip sind 520 Dollar.
Heute Morgen 2 Grad Minus.
Habe ich schon erwähnt
Diese Gruppe ist vom Benehmen her eine Kill Gruppe. Sie sind auch drauf aus Fischtrophäen an die Wand zu hängen, und so sind sie auch mit den Mitmenschen..
Die Gruppe davor war eine Non-Kill-Gruppe und so auch ihr Umgang mit den Menschen..Jäger müssen ja ganz schlimme Typen sein..
Oder erst mal Soldaten..
Das müssen ja Abschaum Wilde sein..
Hier zeigt sich mal wieder die Rhythmik der Yoga-Meditatioslehre ab…
Der Fluss wird noch flacher, er ist schon sehr sehr flach…
Das Leben als Guide gefällt mir. Den Tag über schaut man zu wie die anderen Angeln.
24.9.84   6:50 Uhr
Vergaß die Sache am Lobo Pool mit dem Grizzly der hinter uns war.
Als Jim kam und rief hast du den Bär dort gesehen glaubte ich es nicht.

Heute Morgen bestätigte er es nochmal..
Die Stimmung steigt von Tag zu Tag. Einfach fantastisch.

Nachmittags.. Sitze hier am Ende des Pools die Blätter fallen nun kontinuierlich, es ist schön warm, kaum Wolken, Ron fischt diesen Pool alleine, Ron der Chinasprecher. Der 44 Guide holt gerade seine Jacke. Ich zeigte dem 44ziger wie der Fluss zu fischen ist. Er tut's gut.
Habe mit ihm eine Fahrt zur Allein Lodge gemacht, vor ihm dieser fantastische tiefe Pool mit sandigem Boden und wieder dort einen Steelhead gefangen, 14 Pfund ca. photografiert und schwimmen gelassen..
Der Pool muss mit Blei tief abgefischt werden, vermutlich Chinooks da unten.
Heute ist Montag.
Freitag ist die Zeit hier vorbei. Ich will noch zwei Cohos fangen und mit nach München nehmen..Vielleicht wird's auch eine 15 davor…
28 Fische heute gefangen davon ich einen. Unsere Gruppe hatte nur 5 Fische davon. Bis jetzt sind also 48 Steelhead von Gruppe 1 gefangen.
Gruppe 2 hat jetzt schon 43 Fische seit Freitag gefangen.
Ich heize jetzt nach dem Guiden immer unser Loghaus ein..
Der alte Guide hatte heute viel Glück. Er ist leicht nervös und sieht dann erbärmlich aus. Er redet viel Sinnlosigkeit, möglicherweise macht der große Urwald ihn ZipGong und der Alkohol.
Vormittags den Baum gefällt. Kleine Schwierigkeiten mit dem Boot von Mir beim Anlegen. Der Alte 44ziger fluchte.

Jetzt ist Abend. Die Kinder furzen sich wieder an während sie Geschirr spülen..
Ted erzählte die Geschichte weshalb sein Daumen immer stinkt.
2 Fische wurden bis jetzt behalten. Ein 20 und ein 21 Pfünder. Mensch ist der Drang der Beste zu sein unter den Amerikanern ausgeprägt. Dabei geht's danach doch weiter..
(Eine Baugeschichte erfinden)
Abends bin ich ziemlich Müde was prima ist..
Die Outfitters sind so in ihrem Rausch das sie meinen der Fluss gehört ihnen. Dabei kann jeder fischen der den Angelschein hat. Klein Karlchen war heute sogar wütend das ich nicht den Lobo Pool um 12 Uhr frei gemacht hatte…
Mir kommt's so vor als ob viele der hier anwesenden Menschen die ca.38% Wahrheit bevorzugen. Oft wissen sie nicht, i dont know ist die Antwort oft..

25.9.84   20:15 Uhr

Der Tag ist für uns hier fast vorbei.

Und so war er..
Morgens früh auf noch dunkel, schnell angezogen, Ted versucht aufzuwecken, aber der schläft noch tief..
Nebenan fummelte schon der alte Guide herum..
Dennis ruft verschlafen: What time is it…?
10 after six antworte ich
Nicht so kalt heute Morgen. Dann hab ich schon die Shotgun in der Hand und geh den Holzpfad entlang. Unten bei den Haupthäusern brennt Licht.. Jim hat schon den Generator angeworfen
Mit warm Wasser morgens waschen ist prima ist reinster Luxus insbesondere hier in der „Wildnis"
Dennis kann heute einschlafen er hatte gestern Abend bis 23 Uhr die Stellung mit dem Generator gehalten. Jemand muss für die Gäste den Strom wachhalten..
In der Hauptlodge wird schon Kaffee gemacht.
Ich frage was wir heute zum Frühstück servieren
Kathy meint Bacon und Omelette.
Ich schneide die Haut vom Bacon Stück und dann das Stück in Scheiben…
Jedenfalls bin ich morgens immer ausgeruht und was man so als voll da beschreibt..
Wir haben Zeit für relaxed work..
Die Gäste kommen heute später. Gestern Nacht wurde Karls 22 Pfünder totgetrunken…
Karl selbst sah heute Morgen sehr tot aus..
Das Frühstück relaxed. Auch draußen kamen die ersten Gäste, Whisky Jacks. Sie sind ziemlich unängstlich..
Der Tag sah prima aus. Die Luft würzig der Fluss noch flacher…
Heute war der neue Guide allein in Charge..Ich fuhr nur als Begutachter mit…
Als wir viel später als sonst losfuhren 9 Uhr war der Tag hier noch Blue Sky wir fuhren zum Block Haus Camp…
Bill und Verne Horn der Arzt mit dem Western Hut und ich, stiegen aus um zu Fischen, der Guide fuhr zurück um Karl zu holen…
Der Fluss wird immer flacher. Die Suche nach neuen Kanälen wird intensiver.
Ich schaute dem neuen Guide noch nach, seine erste Fahrt alleine….
Bill der Polizist redet sehr viel beim Angeln als ich am Ufer stand ihm zuschaute. Er wirft Blinker nach Blinker in den wunderschönen Pool..Er fängt zwei Dolly Varden. Inzwischen ist der Guide zurück gekommen. Beide landen am gegenüberliegenden Ufer..
Bill ruft mich zu den Bärspuren. Ich erzähle ihm dass sie von gestern sind…
Jedenfalls keine Fische dort. Wir fuhren zum Babine Spezial Pool. Dort ist Jim. Die haben heute erst zwei Fische gefangen. Dort essen wir zusammen. Dann auf ins Neuland hoch zum den anderen Pools. Bill hakt einen ca. 13 Pfünder. Danach hat Karl einen riesen Fisch dran. Für ca. 40 Minuten kämpft er und kann sich schließlich befreien. Ein

Monster Brocken ca.30 oder mehr Pfund Steelhead.
Auf zum nächsten Pool Hot Shot genannt. Der Guide fährt mit voller Power auf ihn zu. Wir alle sehen den Felsbrocken in der Mitte überall tiefes Wasser. Nur er wohl nicht, was wir natürlich nicht wissen. Als er doch auf die letzten 15 Meter immer noch direkt auf die Stelle zurast steh ich auf und ruf laut, jezuss christ fahr nach recht man…er tut's aber nur ganz wenig doch genügend um den Steinbrocken nur zu streifen anstatt frontal drauf zu fahren…
Später sagte er mir dass er das streifend er Felsen nicht bemerkt hatte..
Jedenfalls hatte ich das erste mal geflucht.
Der Tag war knochenkalt..Ich war beim Angeln damit beschäftigt mir objektive Eindrücke vom Guide zu machen da ich ihn heute beurteilen musste…
Ich glaube wir alle fingen an diesem Tag 11 Fische..
Am Log Jam Pool knallte der alt aussehende Guide nachmals auf Steine..
Meine Antwort war NEIN.
Jim wurde nervös. Wen sollen wir jetzt bekommen. Darin vielleicht. Ich soll bis Freitag weiter machen gleiche Bezahlung. Als ich das hörte nahm ich gerade die Slug aus dem Gewehr.
Ich ging zu unserem Holzhaus, warf den Ofen an und nahm das rote Hemd denn ich wollte duschen. Der alte Guide kam, stand draußen und rauchte, da ich auf Anfrage rauchen im Haus verboten hatte. Wir brauchen Sauerstoff zum schlafen und kein Teer..
Als wir dann ins Gespräch kamen sagte ich ihm er soll sich selbst zugeben wie gut oder nicht gut er war.
Pretty shitty war seine Antwort.
Das gefällt mir. Er war ehrlich mit sich selbst..
Dass er nicht gut sehen konnte war klar. Wasser lesen konnte er dadurch auch nicht sonderlich.
Wir fingen an aus seinem, unserem, Leben zu reden. Er hörte auf als Lehrer zu arbeiten, Trank viel, Rauchte sehr viel und noch mehr..
2 Kinder machten 33 Tausend Dollar im Jahr. Die Frau arbeitet (generelle Charakterbeschreibung)
Ich ging dann um die Hemden und Socken und Unterhosen zu waschen und um zu duschen. Bill kam mir schon watschelnd entgegen..
Sachen gewaschen geduscht und überlegte mir wie nun Jim morgen nach Smithers fahren musste um einen neuen Guide zu finden…
Duschen war fantastisch.
Als ich ins Wohnloghaus kam erzählte mir Jim das er morgen nach Smithers fährt um und so weiter…
Heizte unser Haus kräftig ein damit Hemden für morgen trocken sind..
Dann zurück, Abendessen machen und so weiter..

Ich schrieb und die Angler waren heute schon früh im Bett. Tired.
So waren wir.
Ich legte noch drei dicke Holzstücke in den Ofen…

Heute Mittwoch 26.9.84

Ich bin alleine. Der Fluss gefroren. Jim fuhr schon früh mit Ron Guide nach Smithers. Ich zuckelte sämtliche Eisschichten hoch und runter. Gefiel mir gut wieder das Boot zu fahren..
Der Tag fantastisch 3 Grad plus.
Ich brachte unsere Crew Flussaufwärts Burlap Hole war unten besetzt. Aber oben frei. Dort blieb Bill und the Verne Horne. Weiter oben im Hot Shot Pool ließ ich Vern's Bruder und Don. Dann zuckelte ich zum Coho Pool und fing an zu angeln. Ich wollte zwei Lachse mit nach München nehmen. Beim zweiten Wurf biss der erste Coho. Ich ließ nicht viel Raum und landete ihn schnell 11-12 Pfund. Mit dem Stein wurde er getötet. Zwei Würfe mehr und ein weiterer Biss. Er sprang wollte in die Strömung aber ich forcierte ihn ins stille Wasser. Ein Roter Rücken ein King Männchen. Auch er wurde forciert, denn die Angler mussten geguided werden. Schnell wurden noch stilisierte Fotos gemacht und schon fuhr ich zurück zur Lodge um die Fische abzugeben. Dennis würde die Fische säubern..Und zurück zum Hot Shot Pool. Gegen 12 Uhr hatte Don einen Brocken dran aber wieder brach der Haken, Mustad, er war sauer und der Goldene Adler hinter uns auf dem abgestorbenen Baum beäugte unsere Situation…
Wir holten dann noch Bill und Verne ab die fingen nichts. Aber Bill hatte eine Bär Erfahrung. Er warf Steine und der Bär verschwand. Aber mensch fluchte dieser Polizist, Fluch, Fluch, Fluch…
Bill und Verne's Brother Rodney blieben dann am unteren Burlap Pool..Verne und Ron Rivers blieben am Haus Pool und fischten. Ich nahm Don und Karl zum Babine Spezial Pool..Dort saß Manson mit seiner Crew und aß, aber wir hatten den Pool nach Vereinbarung. So, nachdem wir an Land waren, ging ich zu den Manson Leute und redete mit Mansons 21Jährigen. Diplomatisch wie ich bin kam das Gespräch gut voran. Auch die Wärme half. Karl Manson erwähnte dann dass er den Fluss wieder frei haben will. (Das würde von nun an ein Flusskrieg werden mit früh aufstehen)
Wir fingen nichts, nur Karl hatte einen..Ich war jedenfalls sehr beschäftigt mit der Fahrerei..

Jim Vincent-Kitty, Ken High- Abkommen mit der Floatfahrt nicht eingehalten. So Jim und Kitty took off. Ken High war nun alleine..Jedenfalls, Jim gab Ken High die gleiche Mappe zum Angeln wie Jim Vincent und Kitty..
(Jim nennt seine Frau Kathy Mom. Hochzeitsgeschenk ein Dutzend Tauwürmer. Angeln

und Jagen. Bärschit riesig. Sie Sang….)

So, der Abend wo ich alleine Guidete war ein riesen Besäufnis. Der Doktor Don kam torkelnd in die Küche. Auch sein Freund Verne Horton. Alle besoffen. Torkeln im Haus herum. Die Stimmung war fantastisch…

Ich wurde wieder sehr gelobt, da ich allein war. Chateneuf du Pape floss reichlich, Mateus, der andere Doktor kam und sprach mit mir…Das Gespräch endete das man mir eine Fliegenrute gab…Sehr freundlich, sehr freundlich…Im Suff…

Abends nach dem Essen knallte ich noch den Ofen voll..

Jim war noch nicht da. Dunkel war's als wir in unserem Haus waren…16 Fische waren gefangen und befreit worden..

27.9.84

Heute Morgen als erster wach. Generator angeworfen. 4 Grad Minus. Der kälteste morgen. Eis am Wasser. Frühstück.

7:30 Uhr. Manson fährt schon zu den Pools. Mensch der geht rann. Der meint's tatsächlich…

Alle anderen Angler die zum Frühstück kamen staunten..Ja sie staunten, was macht der so früh an unserer Strecke..Ich machte derweilen spanische Omelette. Das gefiel denen..

Ansonsten ließen sich die Angler viel Zeit..Die Temperatur war zu kühl…Ich döste. Die Whisky Jacks kamen. Und auch die Kolkraben..

Gespräche über, von, Messer, Gewehren, Bögen..Ich bin hier unter Anglern und Jäger.. Da geht's ums töten..Der Policeman so scheint's mir kriegt langsam mit das ich eine andere Einstellung habe. Er schaut mich immer so schräg an und redet mir zu einen Steelhead zu töten und schaut sehr skeptisch wenn ich verneine…

Diese Gruppenzugehörigkeit ist fantastisch..

Ich fuhr dann die erste Gruppe Flussaufwärts und schon beim Log Jam Hole sah ich Jim's Boot runter kommen. Darin steuerte das Boot. Ich winkte sie down..Das Boot war voll Lebensmittel. Jim wurde die Manson Story erzählt..Danach brachte ich die Boys zu ihren Pools..Die Stimmung war auf Kampf eingestellt. Man wollte ein wenig „Musseln" Muskeln…

Als ich zurück kam hatte Verne's Brother schon durch Zeichensprache wissen lassen das er am Coho Pool seinen ersten Coho hatte…

Am Bootssteg gab ich das Boot nun endgültig ab. Es war noch mit Frost belegt..Nahm meinen Rucksack das Gewehr die Angeln und legte alles ans Ufer..Dann stand man nun dort und sofort wurde man von all der guten Arbeit etwas entfernter. Da war noch ein Rest übrig an diesem immer flacher werdenden Fluss, nämlich für mich, den letzten Steelhead zu fangen und wieder schwimmen zu lassen…

Daraus wurde nichts mehr...
Mit Darin abends wieder Probleme...
Until Thursday this group catched 91 fish.

Jim erzählt mir seine Orphenitsch Story. Im Wald. Im Garten, Wäsche von der Leine. Abhauen nach Amerika. Vorfahren aus Österreich gekommen...

28.9.84 Freitag

Bin nun am Leichenplatz dem Zählplatz für Lachse. Warte im grauen Tag auf die Boote damit wir nach Smithers fahren können..
Mit Ford Escort und Bill und Karl nach Smithers. Die wollen's langsam..Abgeliefert. Keiner verabschiedete sich. Ich warte auf Jim der mich mit seiner anderen Persönlichkeit anschaute da nun die Arbeit getan war. Das gefiel mir nicht sonderlich. Doch Karl kam und verabschiedete sich. Mensch sind die Amerikaner ein unsicherer Haufen. Doch als ich mit Jim wieder allein war kam er wieder zu Bewusstsein..Meckerte. Darin..
Wir fuhren zum Tyee Motel. Dort ließ er den Escort stehen. Einige Leute für den morgigen Trip warteten schon dort. Ich wurde vorgestellt. Zuvor holte Jim noch mein Geld von der Bank. 386 Dollar. Danach fuhr er mich zum Laden wo ich das Gewehr gekauft hatte. Oscar gab mir 80 Dollar für die Winchester. 20 Dollar für 4 Wochen..
Am Tyee Motel nahm ich Jims Station Waggon und fuhr zur nahen 12 Avenue. Nahm den Stein mit Schlüssel, brachte die Sachen rein, legte den Lachs ins Kühlfach, fuhr zurück nach Jim. Zusammen fuhren wir zur Royale Bank. Beim Gewehr verkaufen verabschiedeten wir uns.
Ich kaufte Mengen Zeitschriften auch Playboy. Hustler. Und Penthouse. Ging vorbei an besoffenen alten Indianern. Die sahen schlimm aus. Theorie, die sehen sowieso schlimm aus, denn die schönen Indianer sah ich nie besoffen.
Im Haus erst mal ein Bad. Lese die Skin Magazine mit Erektion. Bin allein im Haus Laure Lea Klein ist für 2 Monate nicht da erfahre ich später. Pflege mich länger das tut gut. Später zum Essen ins Charcoal Restaurant.
Der Tag fantastisch. Nun, nach Sonnenuntergang ist die Mondsichel klar sichtlich kurz über den bewaldeten Bergspitzen.
Das Steak schmeckte nach Fisch.
Ging dann zum gleichen Platz wo ich den Country Sänger getroffen hatte. Striptease war an. Saß und trank ein Bier schaute mir die Menschen an. Hatte wieder Hunger ging zum Besten Restaurant in Town und aß Heilbutt Steak für 9,95. Trank Bier, Heilbutt prima...Danach zurück zum Haus den Schlüssel aus dem Stein genommen
Fernsehen. Der andere 4 Finger Bewohner Ken erzählte mir das Klein 2 Monate weg ist. Er arbeitet auch Sonntags dafür hat er von Weihnachten an 1 Monat frei. Schlafe in Laura

Leas Bettroom in meinem Schlafsack..
Ausgeruht geschlafen. Auf um 8:40 Uhr. Haus leer. Frühstück im near bye Tyee Kim Restaurant Blueberry Pancake, Sausages. Dann zum Liquor Store noch zu. 7 Minuten warten. Besoffene hässlich aussehende Indianer treffen ein. Kaufe Alberta Spring Sipping Whisky 18 Dollar. Indianer kaufen sich auch mengen Whisky.. später noch schöne Kalender als Geschenke.. Ein Hemd für mich 10% off. 2 Kassetten für mich. Streichhölzer. Smithers ist noch verschlafen um 10:30 Uhr. Umgezogen mit Rucksack- Angelzeug zur Brücke und gefischt im Bulkley River. Trank Wasser aus dem Fluss klar und kühl. Kein Biss. Auf Main Street Hill Top In- Umgezogen- ziemlich groggy- gegessen- sehr, sehr warmer Tag. Plötzlich bewölkt durch Holzverbrennen im Wald.
Wieder Bad wieder Playboy Magazin, Masturbation, lange TV, Verabschiedung vom 4 Finger Mann.
Heute Morgen Sonntag. Erfahre das Flug erst um 17:05 Uhr nach Vancouver geht, Viel Zeit. Tag Grau. TV ausruhen…

Montag, 19 Uhr in Edmonton in der WardAir 747. Auf dem Rückflug- im Rückflug wartend…
Von Smithers Airport traf ich doch Ken High, einer der Besitzer für die ich Guidete.
Beim einschecken nahm man mir die Slugs ab und auch die Streichhölzer
Kurzer Flug nach Terrace. In Vancouver ging ich mit Ken High zum Skyline Hotel. Raffinierte Mentalität, manipulativ,- er erzählte mir das sein Zimmer schon bezahlt ist mit Credit Card ein Doppelzimmer aber im Hotel stimmte beides nicht..Man konnte auch raus hören dass er kaum jemanden traf. So jemand muss ja raffiniert werden das ist jedenfalls die Norm..
Dass man in so einer Situation vertrauen entwickelt ist für ihn wohl nicht drin. Er wollte mir mehr Informationen senden. Auffallend war auch seine Art sehr oft nein zu sagen.. Nur des Denkens wegen, da war keine Kooperation sondern nur Antikommunikation, ja die Alten dieser Art, was sind sie doch für Trockenfleisch geworden…Ich selbst aber bin auch Energie die wartet bis sie das rechte findet…

Jetzt mit dieser schönen Frau hier an Bord der 747 kommt's mir so vor das ich mich ver-lieben könnte…und was ist mit Bonzi, was ist mit Bonzai, 2mal aus Vancouver angerufen, 2mal kein Antwort…
Wegen Ken High. Er raucht nicht und trinkt auch nicht. Nimmt aber jede Menge Kautabak den er sich zwischen Gaumen und Lippe steckt. Aber seine Mentalität hatte starke Raffinesse Züge.

Zur Fischformel: Länge x Umfang im Quadrat geteilt durch 800 ergibt Gesamtgewicht.

Sitze in der 7474, da hinten nun der rote Streifen zum Sonnenaufgang neben mir die riesen Pratt Whitney Düsen was für eine fantastische Einheit

Räucherfisch Mulligan
Kleine Dose Tomaten- goldgelbe Zwiebeln alle anderen Reste plus Räucherfisch dick einkochen lassen.

Schreiben, von der was es mir wert ist

Bannock
9 El Mehl. 1 El Backpulver. 1 TL Salz. 1 Tasse Wasser. Pflanzenfett zum braten. Mit Speck- Zwiebeln-Früchte usw. mischen..

Große Fische mindestens 3 Tage räuchern.

Kartoffelsalat Öl Bouillon Sauce..

Aus Bannock Knödel formen und zum Braten geben-Letzten 20 Minuten offener Topf.

Hagebutten mit Zucker Milchpulver Haferflocken Vanillesauce

Fisch in Curry
Fischfilet in Happen zerteilen und gebraten mit viel Curry gewürzt warmgestellt danach im selben Fett alles knackig schmoren Zwiebeln Bananen Äpfel Tomaten Orangen Fisch wieder zugeben mit süßer Sahne und Soja Sauce veredeln dazu Reis…

Lachs in Rotwein
Files salzen in Mehl wenden in Butter braten. Warm stellen. Den Fond mit Rotwein ablöschen gehackte Wallnüsse über den Lachs streuen und Sud übergießen

Forelle in Rotwein
Ein Bett aus Zwiebeln und Tomatenscheiben salzen pfeffern Knoblauch mit Rotweinmischung übergießen Suppenwürfel Thymian 1/2 Tasse..

Gefüllter Fisch

Ausbuttern Kartoffelpüree mit Gewürzen Erbsen Muskat etc. in den Fisch füllen Zwiebeln Speck auf den Fisch legen Zitronensaft Pfeffer Thymian rüber alles in Folie packen 3 Pfund Fisch ca.45 Minuten

Kitty und Jim Vincent
c/o 41 –F Village Green
Rhinebeck N.Y. 12572
Or (winter)
Po Box 1138
Silver Springs Florida 32688

4.12.2009 Eintippen Ende

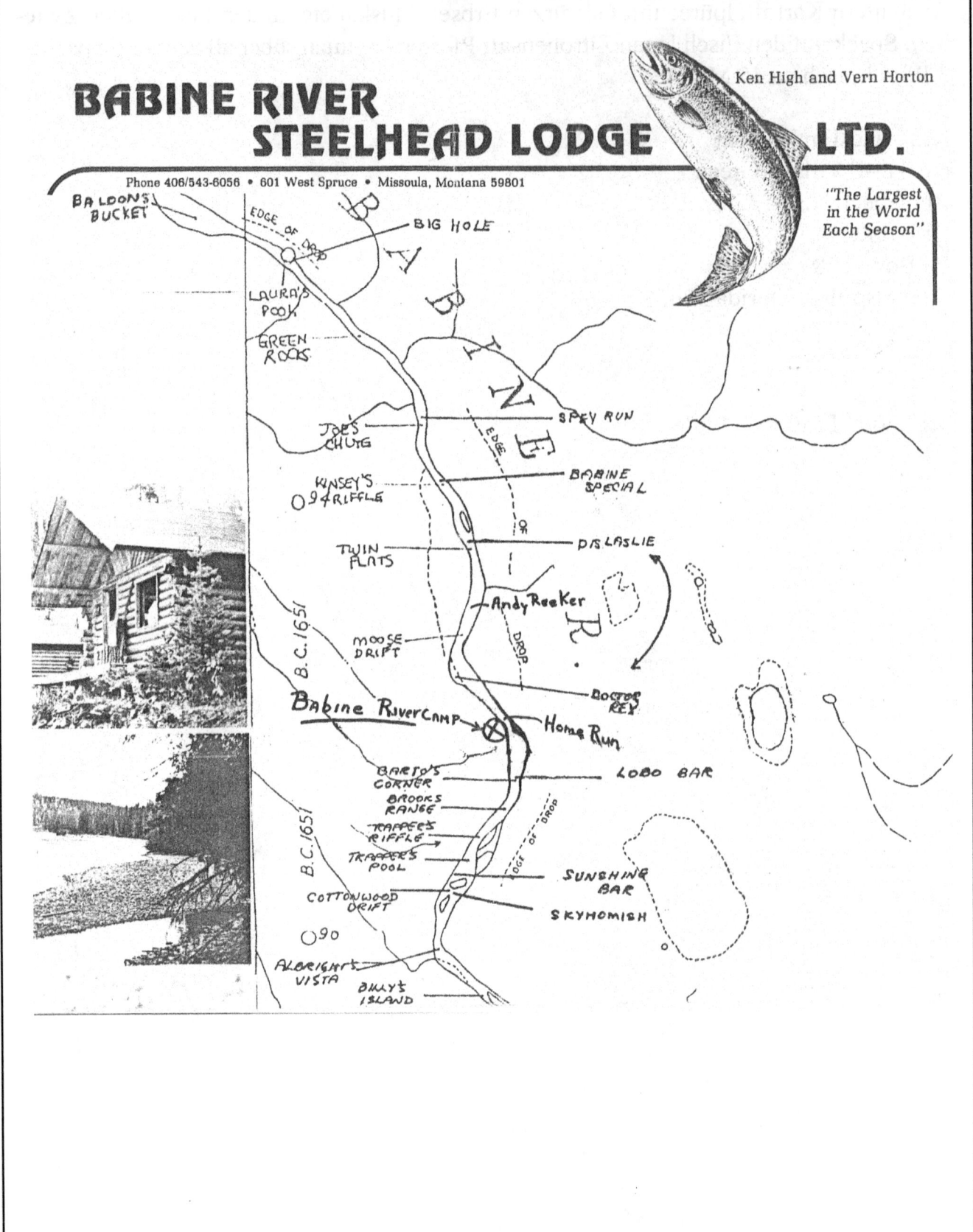

Anflug auf Smithers mit Skeenan Mountains

Bavaria Smithers

STOP

SMITHERS WELCOMES YOU
NORTHERN B.C.'S RECREATION CENTRE
VISITORS INFORMATION

Laura Leas Haus in Smithers

HausschlüsselStein und Blick vom Laura Leas Haus

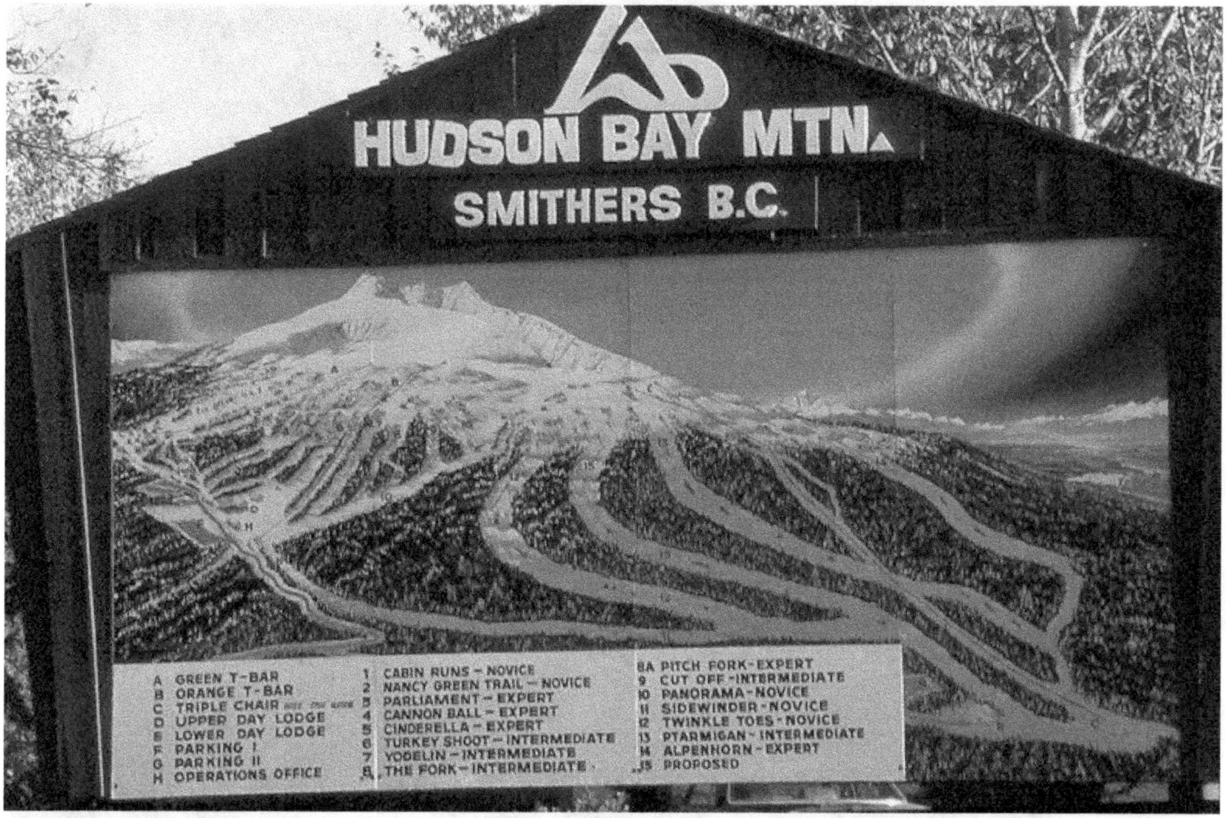
HUDSON BAY MTN.
SMITHERS B.C.
A GREEN T-BAR
B ORANGE T-BAR
C TRIPLE CHAIR
D UPPER DAY LODGE
E LOWER DAY LODGE
F PARKING I
G PARKING II
H OPERATIONS OFFICE
1 CABIN RUNS – NOVICE
2 NANCY GREEN TRAIL – NOVICE
3 PARLIAMENT – EXPERT
4 CANNON BALL – EXPERT
5 CINDERELLA – EXPERT
6 TURKEY SHOOT – INTERMEDIATE
7 YODELIN – INTERMEDIATE
8 THE FORK – INTERMEDIATE
8A PITCH FORK - EXPERT
9 CUT OFF - INTERMEDIATE
10 PANORAMA - NOVICE
11 SIDEWINDER - NOVICE
12 TWINKLE TOES - NOVICE
13 PTARMIGAN - INTERMEDIATE
14 ALPENHORN - EXPERT
15 PROPOSED

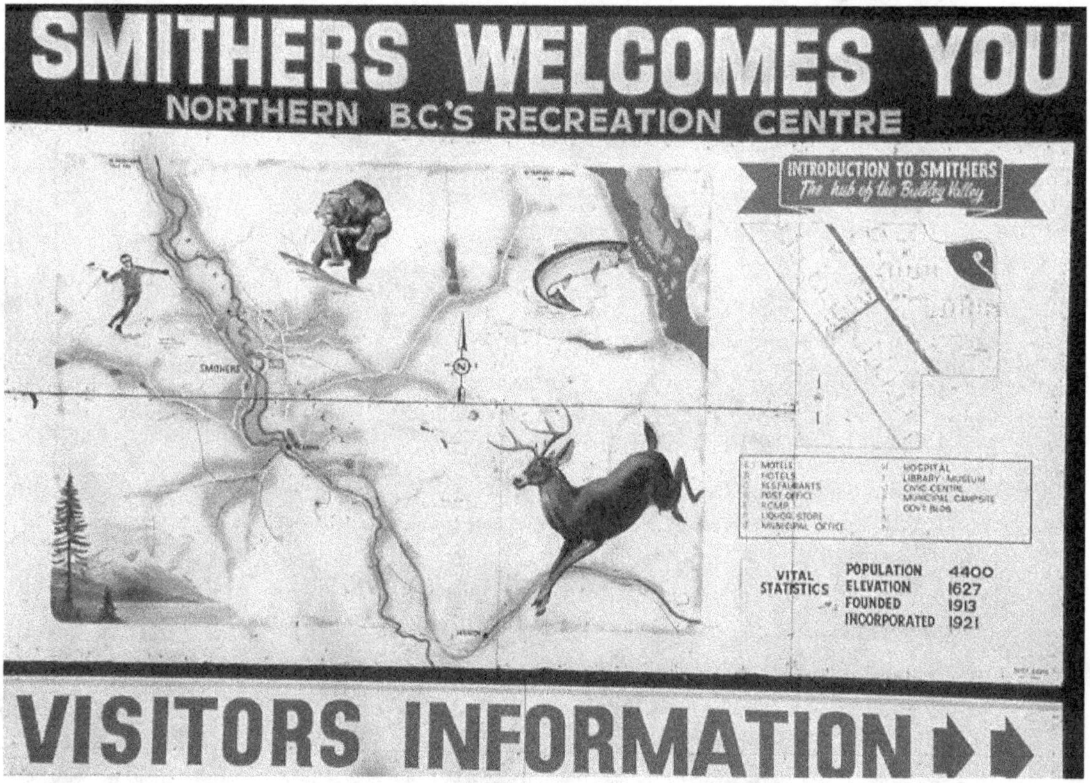
SMITHERS WELCOMES YOU
NORTHERN B.C.'S RECREATION CENTRE
INTRODUCTION TO SMITHERS
The hub of the Bulkley Valley
MOTELS
HOTELS
POST OFFICE
LIQUOR STORE
MUNICIPAL OFFICE
HOSPITAL
LIBRARY MUSEUM
CIVIC CENTRE
MUNICIPAL CAMPSITE
VITAL STATISTICS
POPULATION 4400
ELEVATION 1627
FOUNDED 1913
INCORPORATED 1921
VISITORS INFORMATION

Oscar's Sporting Goods Bein Kauf des Gewehres und Angel/Jagdlizens

**ZeltÜbernachtungsversuch Babine River Fischzählstation
Darin holt mich ab am Babine River**

Die Fahrt mit Darin zur Babine River Lodge
Das Angelcamp am Babine River

Das AngelCamp am Babine River

Unsere Aufgabe Benzin zum Camp bringen und Holz fällen

Das AngelCamp im September 1984 Babine River

Ein und AusBlicke des Angelcamps 1984

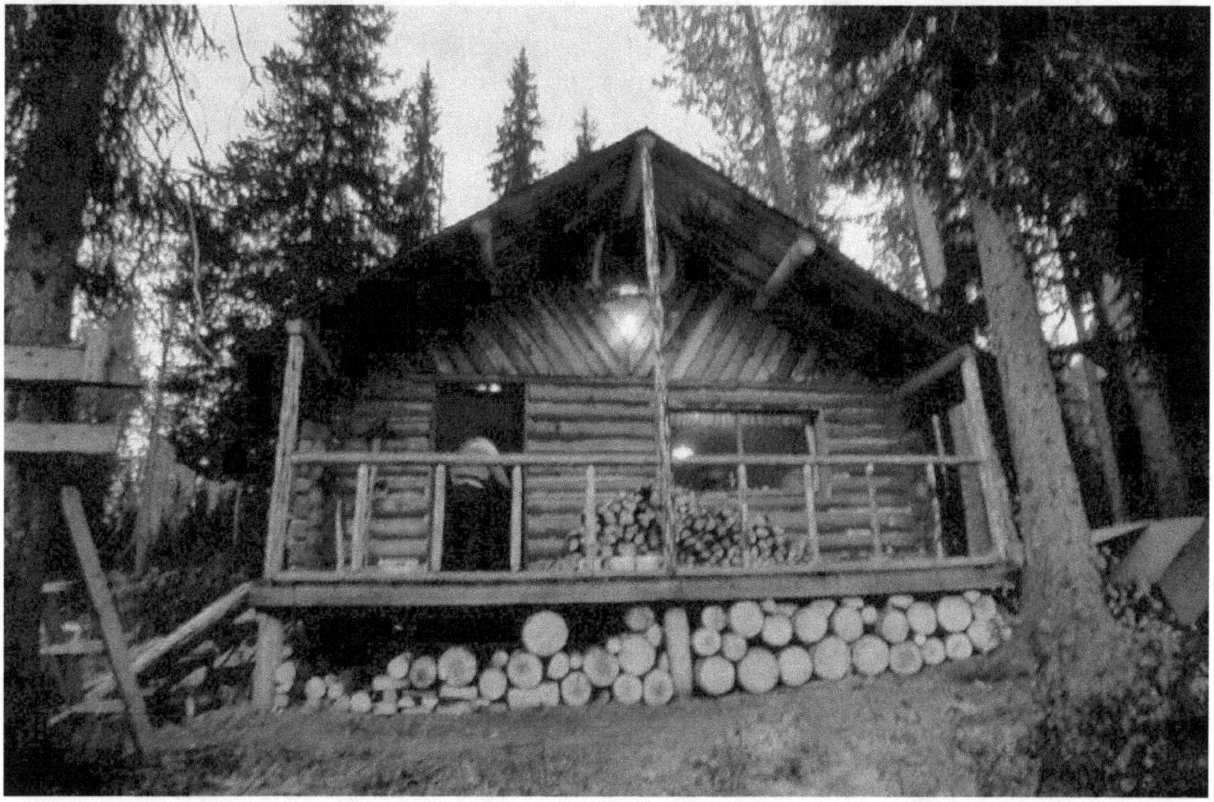

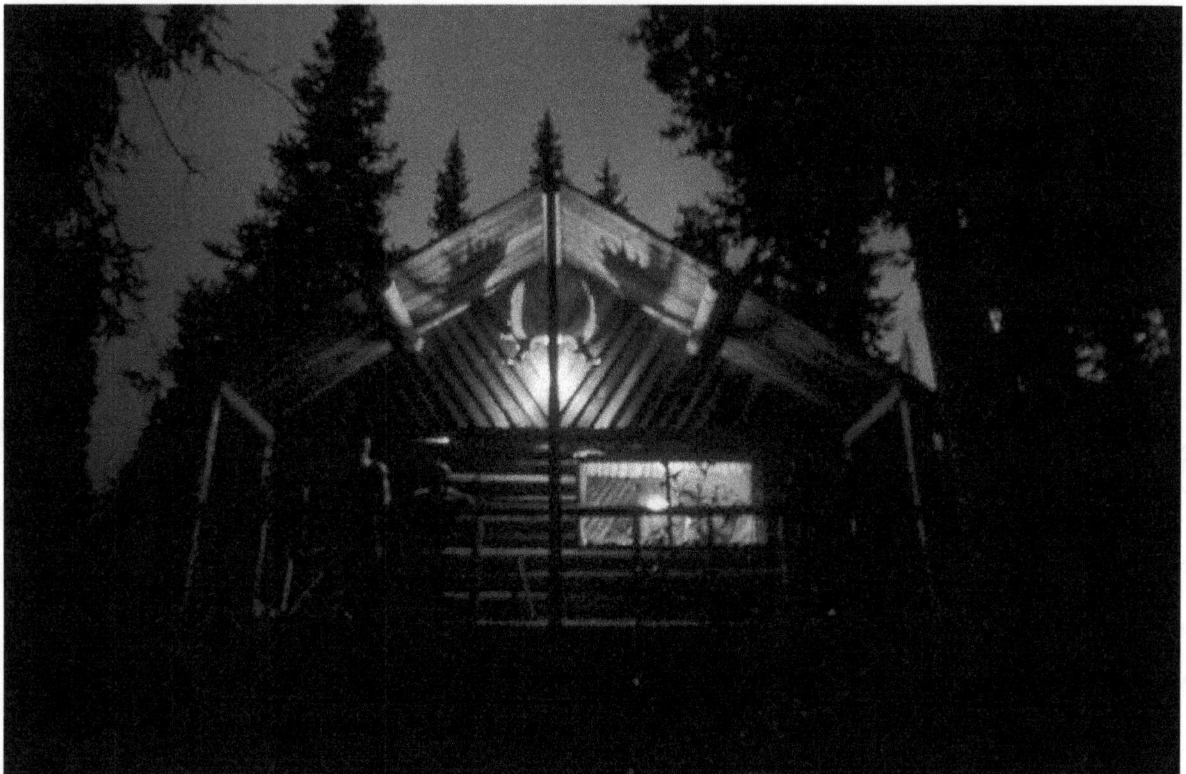

Stellers Jay wird zutraulich und Darin beim FeuerHolz machen

Canada Jay's / Grey Jay's und BenzinLager

LuxusToilette und unser Weg von Lodge zum Babine River

AusBlick von unserer Lodge und HauptlodgeAusblick

Die WaldNatur als Überfluss

Fabelhafte WaldDuftAromen und der BärPfad am Babine River

Holz fast fertig und in der Nähe das WeißKopfAdlerHorst

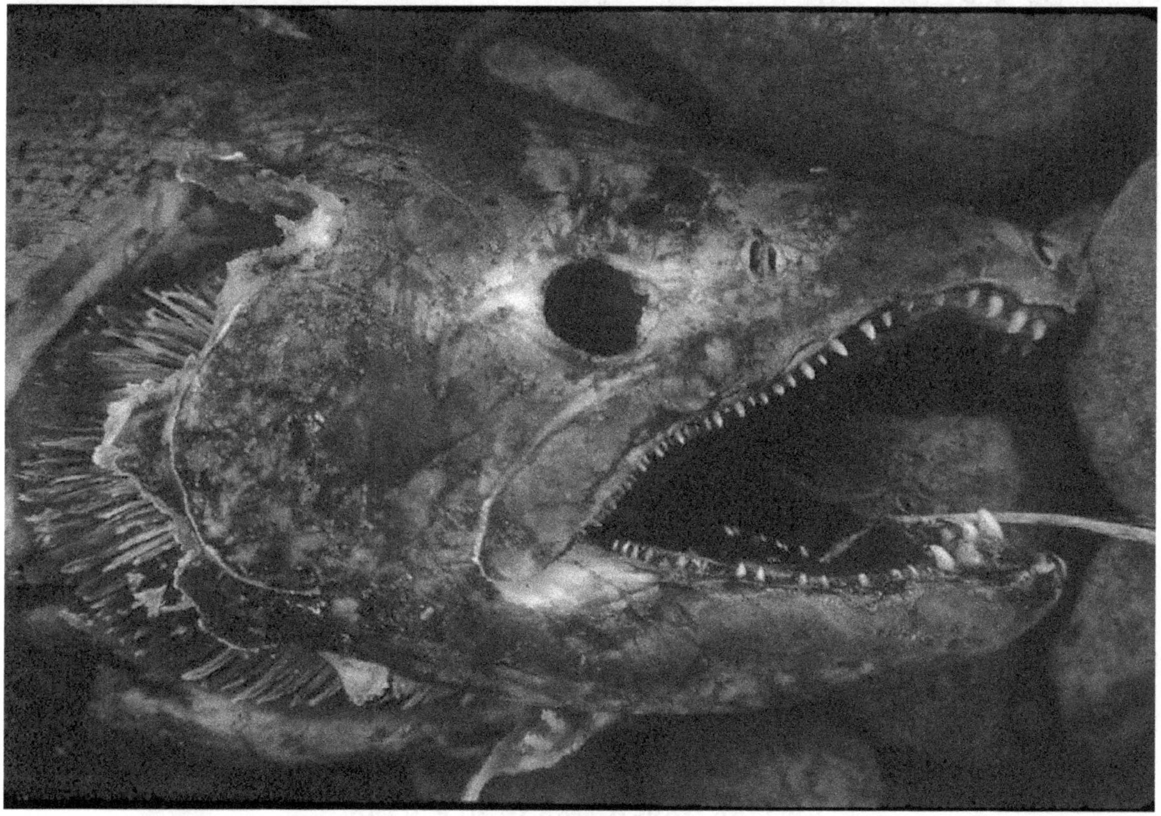

Die ersten Lachse in LodgeNähe 1984

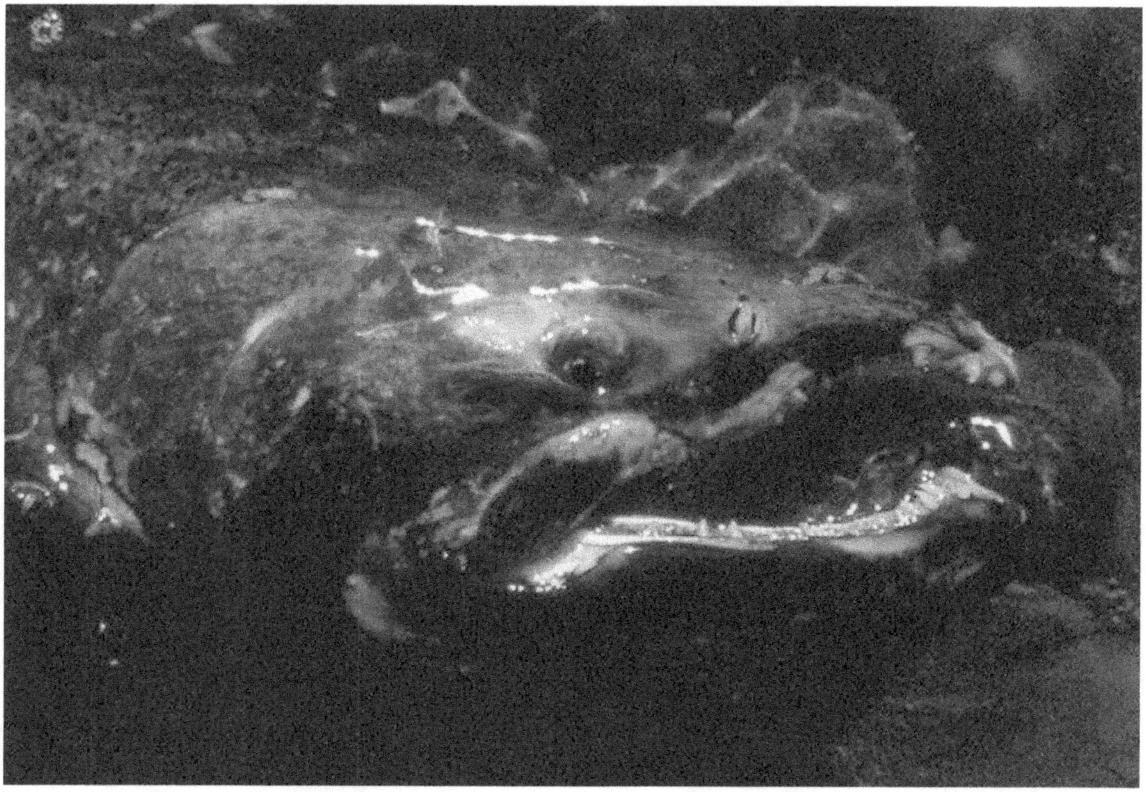

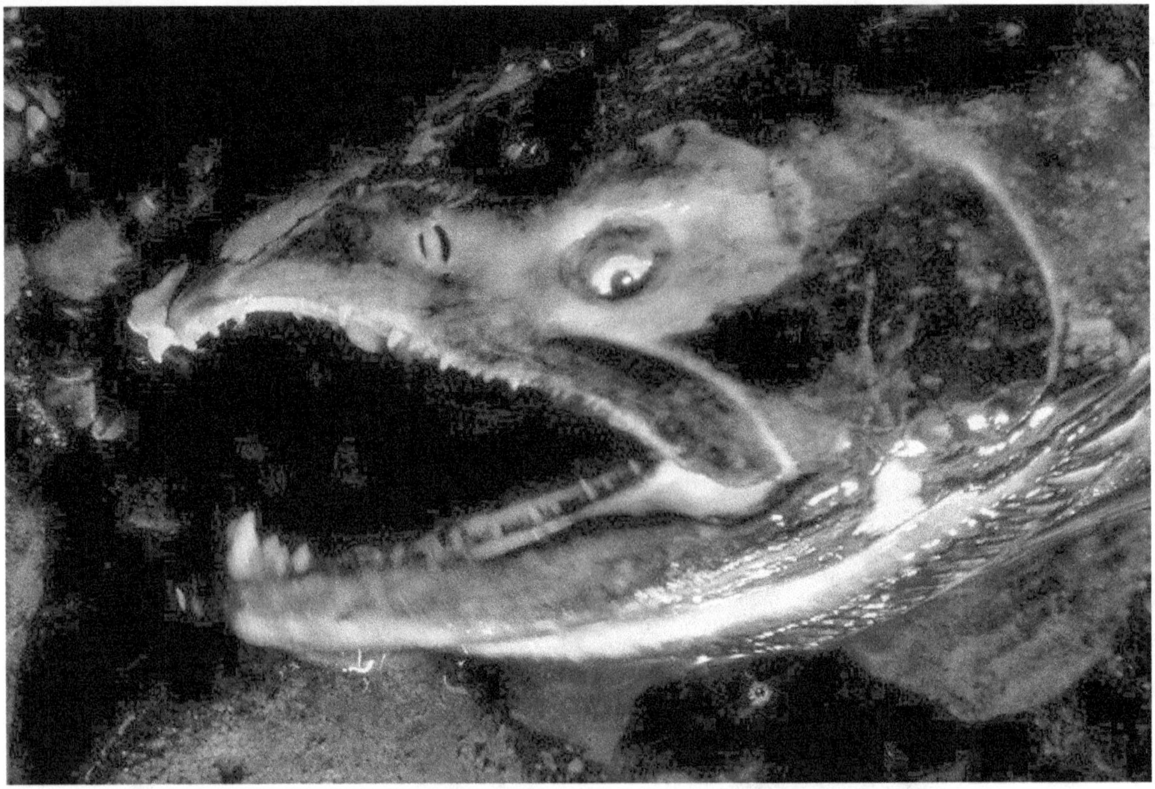

Frische BärSpuren in der Nähe

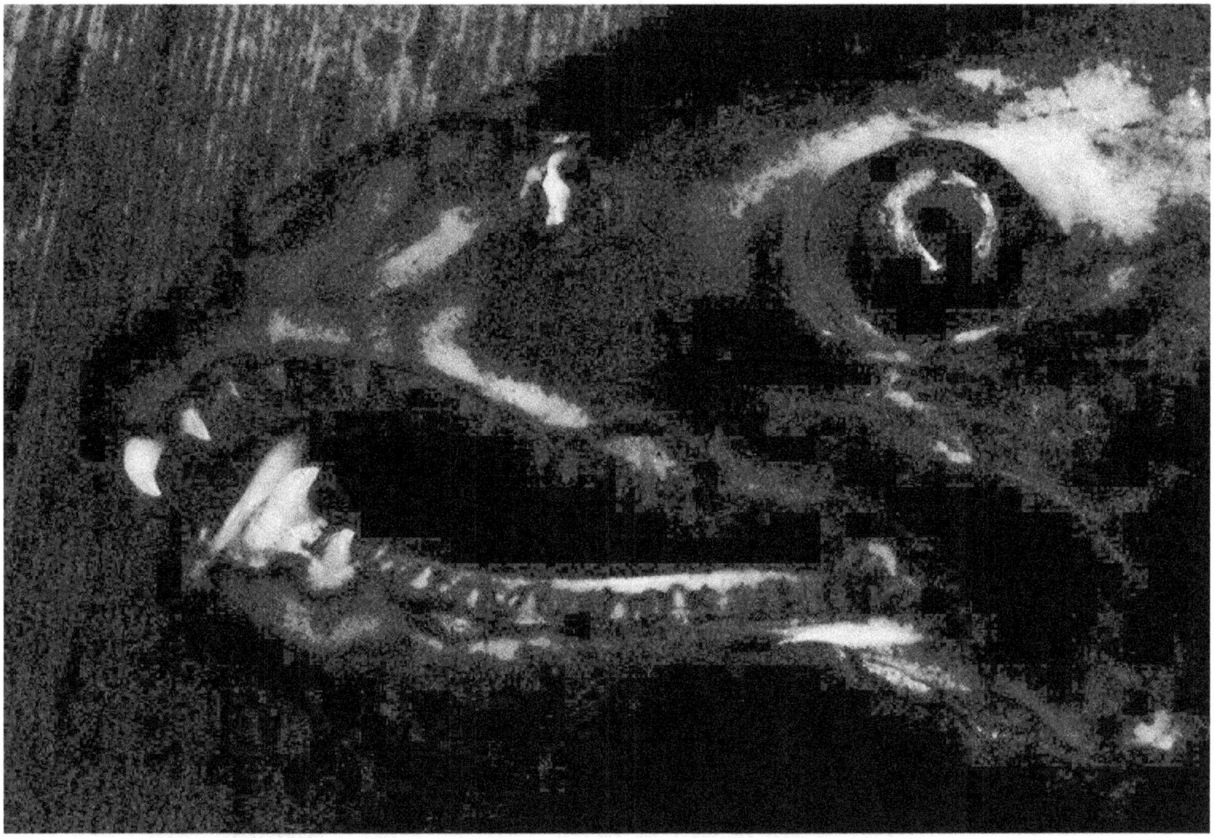

Alles wird verwertet

**Erste Bulltrout die ich immer als Dolly Varden bezeichnete
King Lachs und Coho**

Erster Coho Lachs und Steelhead Forelle auf Fliege beide 12 Pfund

Ruhiges FliegenFischen ohne Gäste aber mit CohoLachsen 1984

Steelhead auf Blinker und das zurücksetzen des Cohos

LachsBlinker und Ted mit 14 Pfund Coho

Coho direkt vor dem AngelCamp 14 Pfund
Ruhiges Angeln am CohoPool

Ruhiges Bärloses Spinn und FliegenFischen am CohoPool 1984

Cohos Cohos Cohos auf Fliege 1984

14 Pfund Steelhead geblinkert 1984 Babine River

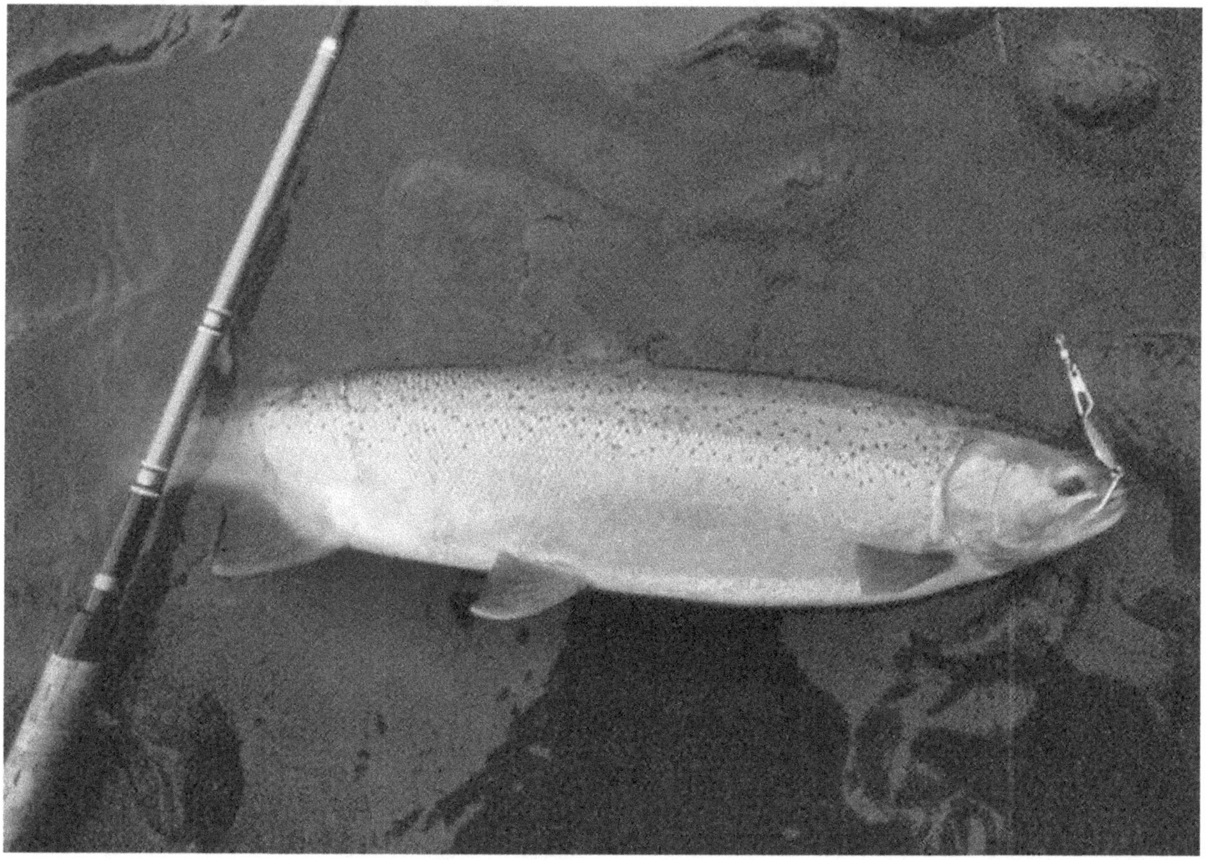

14 Pfünder Steelhead kurz vor der Freilassung 1984

12 Pfund Steelhead und verendeter King Lachs

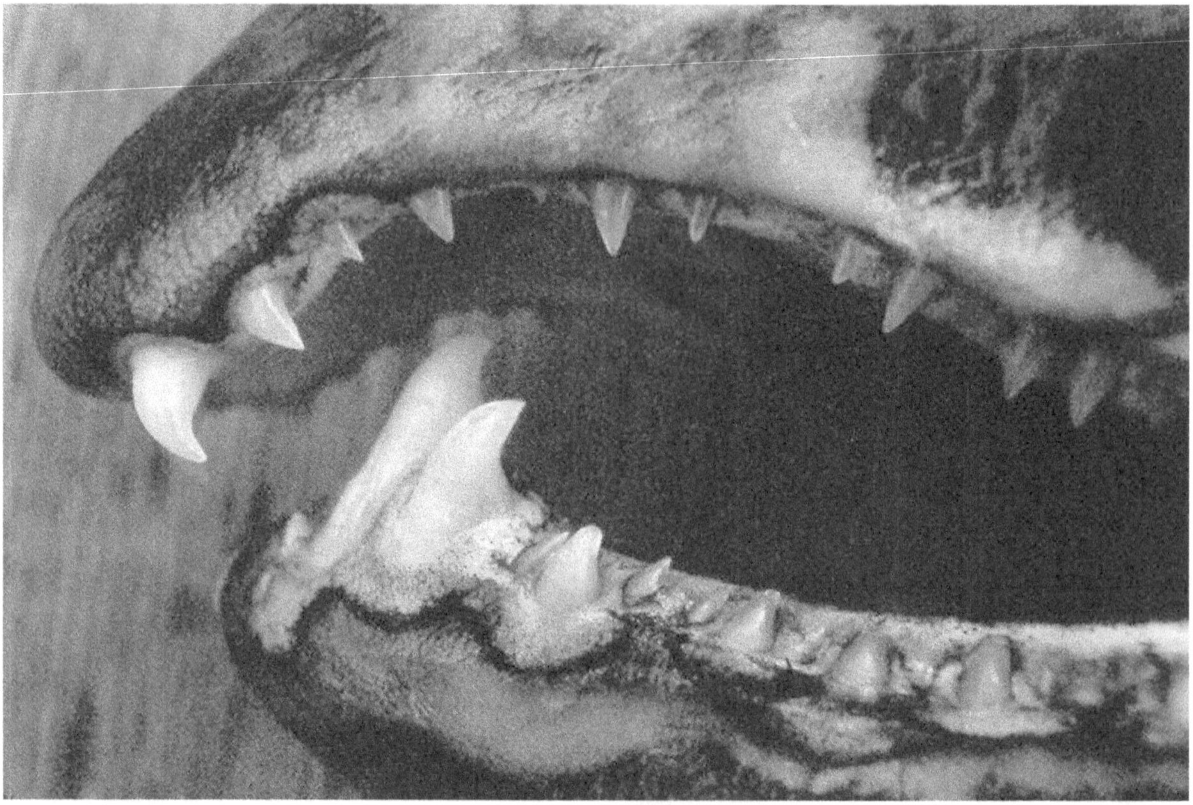

Darin und Ted am Coho Pool

Darins Skizzen während der MäuseEskapaden

Der gefährliche Log-Jam-Pool

Das Auge des King Lachses

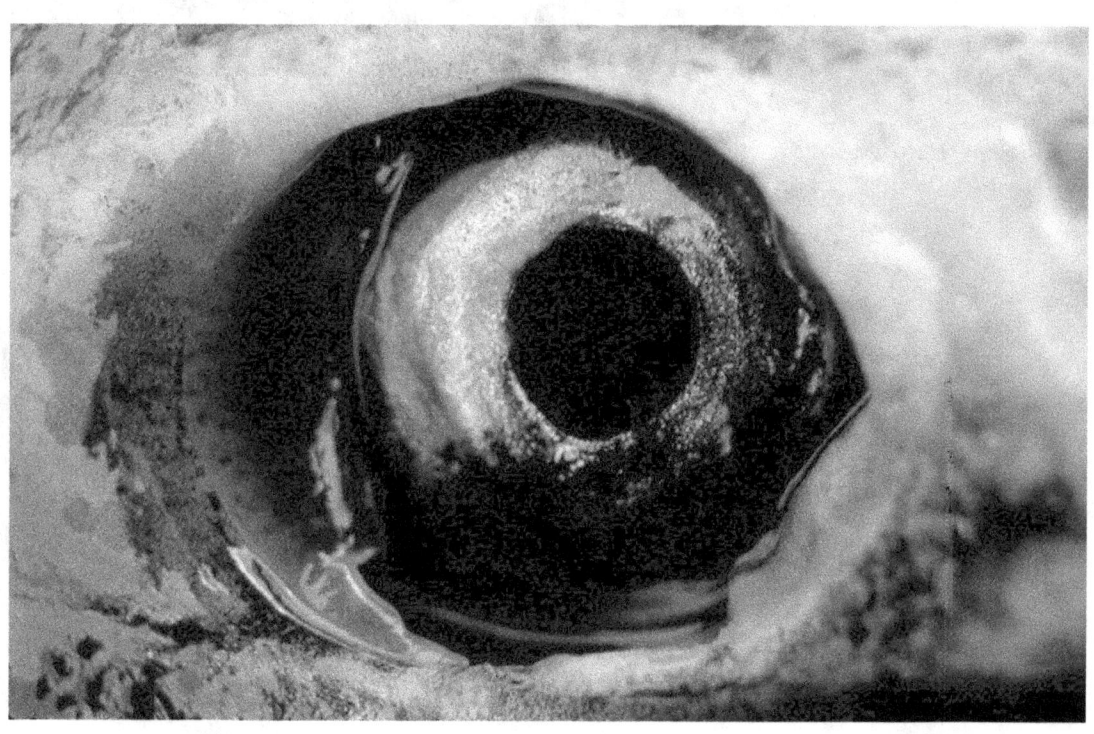

FurzKönig Ted , Darin und Ich
Meine erste AlleinTour auf dem Babine River September 1984

Alleine auf dem Babine River mit Boot 1984

Es wird kälter und warten auf die ersten Gäste

Der Babine River September 1984

Babine River Erzählung Version 2

Vor Zwölf Jahren, als Ich noch in Kanada lebte, spielte sich hinsichtlich des Babine Rivers in Nordwest-British Columbia alles in der Phantasie ab. Jetzt, zwölf Jahre später, las Ich im amerikanischen Fly-Fisher Magazine diesen bildreichen Bericht vom Angeln auf die größten Regenbogenforellen der Erde, die bis über fünfzig Pfund erreichen können. Und das alles in Kanadas Urwald.

Die Phantasiewelt war auf einmal so groß geworden, dass Ich tagsüber in Münchens Englischen Garten die Schwäne und Kanada Gänse fütterte und eigentlich mit dem Zelt, Rucksack und Kanu eine Ein Personen Reise den Babine River hinunter geplant wurde, dass man sich dann vier Wochen in dieser Gegend aufhalten würde, einen Hochzelt Stand bauen würde, vier Meter hoch, damit man dort oben ganz bärenruhig schlafen konnte.

Also die Bären kratzten schon hier in München an meinem Dasein. Säge, Axt, Buschmesser, Gasfeuerzeug, Lebensmittel. , Jedenfalls hatte man zwei Tragetaschen voll von mehrmals reduzierten Urwaldmaterialien als das Notwendigste, wegen dem zweitgrößten Urwald der Erde, dem man ja nun ganz nahe kommen würde.

Man träumte von der ‚Wilderness' am Fluss, allein zusammen mit der unverseuchten Natur. Ab und zu würden ein Lachs oder eine Forelle geangelt, Pilze gesammelt usw., man war eigentlich schon da, und alles nur wegen dem Gelesenen.

Einmal im Leben bin ich in Vermont kanutiert, noch nie allein im Urwald auf so eine Reise gegangen.

Im Ausverkauf bekam man Qualitätsschlafsäcke für nicht ganz ein Lächeln, und auch ein Zwei-Mann-Zelt mit einem Gewicht von 1,6 Kilo ganz günstig. Am 3. September dann hinein in die 747 der WardAir, die für 1500 Mark die Strecke Frankfurt-Vancouver und zurück fliegt.

Kein Auto hätte jemals so eine Strecke so günstig bringen können. An der Nordsee braucht man dafür sehr gute Tauchutensilien und sehr viel Sauerstoff. In Frankfurt nicht eine einzige Passkontrolle, dass sie das Ticket am Ward-Air-Schalter noch verlangten, war schon alles.

Also, Kanada ist groß und freier und setzt Vertrauen voraus, sagte man sich. Sogar schon bei den deutschen Kontrollstellen.

Von Vancouver ging's dann sofort weiter mit Western Pacific Airlines nach Smithers, ein 4500-Seelen-Örtchen im Bulkley Tal, ungefähr auf der Höhe Südalaskas, aber in British Columbia. Hier sollte also das Kanu gemietet werden, und dann weiter 180 km in den Busch zum Babine River.

Und so steht man nun am kleinen Airport und steht da.

Taxen kommen dort nicht einfach so hin, wenn eine 737 Boeing dort landet. Also rief freundlicherweise eine Frau von der Airline ein Taxi an. Bloß, das Taxi konnte nicht sprechen, kam aber trotzdem mitsamt Fahrer, einem älteren Mann der mir später klar machen wollte, dass Hitler eigentlich der Retter war, und noch viel mehr wirres Zeug hatte dieser Schotte von sich zu geben.

Ins Taxi stieg aber nicht nur ich, sondern auch diese junge Frau. Während der Fahrt auf die schneebedeckten Berge hinzu, dann aber an ihnen vorbei, fragte man, ob nicht jemand wüsste, wo man günstig für ein paar Tage übernachten könnte, es brauchte nur ein Platz zum Schlafen zu sein, Schlafsack hätte man dabei. Es stellte sich heraus, dass die junge Frau erst vor kurzem ein Haus gekauft hatte, in dem sie Zimmer vermietete. Laure Lea Klein ist ihr Name, und das Haus steht an der 12th Avenue. Zehn Dollar verlangt sie, und im Haus konnte man sich frei bewegen. Zwei andere junge Männer haben jeweils ein Zimmer gemietet und alles sieht sehr gepflegt aus. Das große Leben lief wie von selbst. Und so ist es wohl auch. Laura Lea zeigte einem dann noch, wo der Extra-Hausschlüssel lag. Vertrauen könne ich ihnen doch, fragte Sie zuvor. Draußen neben der Holztreppe nahm sie dann einen grauen Kieselstein hoch, der als echte Täuschung dort lag, und in ihm war dann der Extra-Schlüssel. Dieser Plastik-Kieselstein war ein kaufbarer Gegenstand. Nette Überraschung, diese Reise.

Dann hinunter, Mainstreet in das Mini-Centrum von Smithers. Die Vorstellungen sollten ja realisiert werden. Angelschein wurde bei Oscar's Sporting Goods besorgt. Alles problemlos, nicht wie in der BRD mit vorherigen Prüfungen, den sinnvollen. Doch die KanuPhantasie lag schon auf dem trockenen.

Erst mal ist der Fluss zu wild, um allein ... , und dann wird hier kein Kanu vermietet. Also muss eine andere Sicht her. Man wusste ja, dass am Babine River ein Angel-Camp war ... vielleicht würden mich die Besitzer ein Stück Flussabwärts gondeln. Also telefonieren! Und warum überhaupt der Babine, erwähnte der Verkäufer in Oscar's Laden, man habe hier Northland Angling Guide Service, der bringe einen überall hin .... Ja, aber mann wollte keine 150 Dollar am Tag ausgeben, man wollte allein, Zwei-Mann-Zelt, Lagerfeuer, Wölfe heulen, oder Lachen, nicht herumgeführt werden wie im Kino, als Dienstleistungsempfänger.

Danach schaute man sich die Gewehre an. Was gab es da, was preisgünstig war und doch Power hatte. Also 100 Bucks und die 12 Gauge Schrotflinte gehört Ihnen. Aber vorher müssen Sie sich einen Jagdschein oder eine GewehrtrageLizenz für zwei Dollar besorgen, und das gibt es im Government-Haus .. Also geht man die Mainstreet Richtung Süden und schaut sich die Umgebung an. Natürlich fielen die Indianer auf. Sehr viele saßen auf den Bänken, Volltrunken vor sich hin labernd. Wenn man sie genauer betrachtete, konnte man ihnen die Rauheit des Lebens und der Rasse ansehen. In den zwei Tagen, die man in Smithers lebte, sah man aber auch Indianer, die sich gepflegt hatten und nicht im Jammer versunken waren, und dann konnte man wieder das Feine in ihnen sehen. Aber das war sehr selten. Bei weitem überwog der Killer Alkohol in ihnen.

Der Jagdschein für Kleinwild und Vogelwild kostete 43 Dollar fürs Jahr. Jagen und Angeln ist auch deshalb so einfach, weil dort die Menschen noch die Möglichkeit haben, vom Lande zu leben. Der Fleischbedarf kann mit einem Moos-Elch für die Winterzeit abgedeckt sein. Doch darf kein Wild in Restaurants verkauft werden. Damit will man verhindern, dass mehr als der Eigenbedarf nicht getötet wird und Wildbret als kommerzielles Ziel gilt. Natürlich hatte auch ich vor, den Fleischbedarf mit dem Gewehr nötigenfalls zu bekommen.

Smithers ist nicht Abgas- und Industrieverseucht. Der Tag war sonnig und so sahen die Menschen auch aus. Sonnig offen. Da lag noch keine atmosphärische Last auf ihren Körpern. Genügend Sauerstoff ließ sie besonders wach erscheinen. Und schon selbst davon beeinflusst ging man auf der gegenüberliegende Seite von Oscars Laden die Main Street hinunter, einigen torkelnden Indianern ausweichend, tänzelte fast an dem Schaufenster der Real Estate Company Hometown genannt vorbei, die Fotos von Häusern hatten, was einem Aufmerksamkeit abverlangte. Echte Logwood-Konstruktionen. Alte Bäume sahen nun neu aus. Da war sogar ein brandneues Angel-Camp mit sechs Blockhütten, einer Main Lodge und den fünf Booten für ganze Siebzigtausend Dollar zu verkaufen. Sofort war die Fantasie wieder auf Hochtouren, für so ein Geld könnte man die in der BRD verkaufen. Natürlicherweise mit etwas gutem Profit für die eigene kleine ArmeenHosentasche. Sofort ging man da hinein und wollte den Big Boss sprechen. Das war dann Charly Northrup, ein in dieser Vorstellung von mir aufgeschlossener, Vorderglatziger, leichtlächelnder Überleger. Vereinbarungen wurden gemacht, dass sobald ich wieder in München bin, ihn Kontakte und er mir die jeweiligen Mappen senden würde. Das Gespräch ging dann in die Richtung, weshalb man denn nun bloß nach Smithers kommt. Doch nicht wegen Real Estate. Er hatte teilweise Recht. Ich erzählte ihm den Kanu-Traum, der nun ein Versuch werden sollte, wenigstens zum Babine zu kommen. Charly Northrup rief seinen Freund Garry Needoba aus dem Nebenbüro, der erst gestern vom Fischen zurückgekommen war, und der mir dann Namen und Adressen mit Telefonnummer von einem Guide gab, der mich vielleicht für ein paar Bucks den Babine River hinunterfahren würde.

Dieser Guide ist nämlich gerade dabei, ein Camp am Babine River für die kommenden Angler einzurichten, aber es wird schwer, ihn zu erreichen, meinte er noch. Aha, das hört sich ja sehr gut an! Die beiden empfahlen, ein Gewehr mitzunehmen, schon hier im Bulkley Tal gibt es genügend Bären. Needoba selbst hatte erst vor kurzem einen mit Warnschüssen verjagt, und er wohnt nur zwei Meilen außerhalb von Smithers.

Und in den Bergtälern der Skeenan-Mountain-Range leben sehr viele Bären. Dann verabschiedeten wir uns bis zum nächsten Mal.

Direkt hundert Meter weiter gegenüber von Oscars Laden war ein großer Hardware-Laden, in den man dann auch noch einmal hineinging, weil Angelzeug im Schaufenster lag und man sehen wollte, was es sonst noch gab. Der Besitzer war auch ein Germane. Und hier kaufte ich von ihm eine Single-Shot-Winchester 37A für 98 Dollar, eine 12 Gauge Schrotflinte. Fast absolut sicher für Bären und andere Großlebewesen. Es gibt eine Kugelart, die Slugs genannt wird. Sie sind anstatt mit Schrot mit solidem Blei gefüllt, sind also wie kleine Kanonen Kugeln. Das gefiel mir auf einmal, trotz allem Wissen und der anwesenden Vernunft, nicht zu töten, was man ja auch nicht vorhatte. Ich konnte sogar das Gewehr wieder zu ihm zurückbringen und je nach Abnutzung finanziell eintauschen.

Wieder draußen auf der Mainstreet kam dann der Taxifahrer vom Flughafen vorbei und hielt fragend an, ob ich irgendwohin müsse, und so fuhr er mich kostenlos zurück zum Haus an der 12th Avenue. Natürlich redete er wieder wie einer, der eine Quelle ist von den Hitlergeschichten, die ihn so faszinierten. Glücklicherweise waren das nur Wörter, die da auf mich lossprudelten. Der Tag ging dann hinter den Bergen weiter westlich spazieren. Und südöstlich stand ein superklarer Mond gegen den kaltblauen Himmel, obwohl der diesmal nur Champagner getrunken hatte. Es sah so aus als ob der Mond eigentlich auf der nahen Bergspitze stand, die ganz schwarz und noch dunkler war, so dunkel, das sogar Hägar der Schreckliche, als er sechs Kerzen im Kaminfeuer angezündet hatte und es immer noch dunkler als schwarz war, sagte: Mensch ist das dunkel.

Natürlich wie die Natur hatte man nicht die Kamera dabei, als man nun in der Abenddämmerung wieder zurück ins Zentrum ging, um zu essen. In Savalas Steak Hause erfuhr man dann, dass Kanada heute gewählt hatte, denn es gab erst ab 20 Uhr wieder Alkohol. Die Serviererinnen waren wieder einmal so freundlich, dass einem einfiel, dass die italienischen Kellner der Mount Everest der Kellnerei sind, aber die kanadischen Girls hier der Kilimandscharo der Vulkane sind - so offen, so agil!

Ich übernachtete dann auf der Wohnzimmercouch das erste mal im dicken Schlafsack. Glücklicherweise schlief ich nackend, aber das würde sich sehr schnell ändern •

Am folgenden Morgen verabschiedete sich Laura Lea, sie war als Government - Straßeninspektorin tätig und interessierte sich unter anderem für die deutsche Sprache, da sie im nächsten Jahr - wohin? - Nach Bavaria kommen wollte. Ich sollte das Geld in die Schale neben dem Telefon legen, nun musste sie nach Prince Rupert, um festzustellen, ob die Straßenbauer auch nicht zu wenig Kies genommen hatten, oder ob die Teerschicht nicht zu dünn war. Das brachte Vierunddreißigtausend Dollar jährlich für sie.

Dann war man allein in dem Haus. Ein Blick aus dem Fenster, da war Frost auf dem Autodach, und der Frühnebel lag auf den Bergen. Die Luft war einfach prima würzig. Ahhh, Sauerstoff und Würze, besser als jede Zigarette, besser als Autobahnfahren. Im Wald musste es ja zum aushalten phantastisch sein.

Leicht wie der Morgen hier im Tal ging man dann zum Frühstück, und da saß wieder der Hitler-Fahrer. Ich wollte bloß meine Pancake mit Blaubeeren essen. Bloß das, nichts anderes. Wenn er dann mit Hitler anfing, fing ich mit Hägar dem Schrecklichen an. Als das bei ihm nicht so einleuchtete, kramte ich das Zur-Ruhe-Kommen sämtlicher geistigseelischer Vorgänge aus dem Gedächtnis sehr schnell hervor, und saß da, in tiefe Ruhe gehüllt, lächelnd und essend, zuhörend wie einer der Ureinwohner Kanadas, wie Sitting Bull, als Reinkarnation. Und dann wurde an der Ecke Main und Yellowhead telefoniert. Um den Guide im Urwald telefonisch zu erlangen, musste man den Operator in Smithers anrufen, der Verband dann mit dem Radio-Operator in Vancouver, der verlangte dann, dass man 2,30 Dollar genau gezielt ins Telefon warf. Und dann konnte man zuhören, wie der Operator über Funk da irgendwohin in den Busch hineinrief. Aber der Busch war still. Wird Zeit, dass die Bäume eine Bildung erlangen. Und im Telefonhaus zog es mächtig. Die Glasscheiben lagen auf dem Boden. Dafür konnte man beim Warten das riesige ‚Smithers welcomes you' - Schild klar sehen. Der Busch blieb still. Mit dem gesamten Telefongeld wieder in der Tasche ging man dann hinüber zum Touristenbüro, früher waren ja Touristen Reisende, das dort als ausrangierter Eisenbahnwaggon neben dem Smithers Welcomes You'- Schild steht.

Eine vollbusige Lebensbombe um die Achtzehn empfängt mich Urwaldphantast mit einem riesigen Smithers-Lächeln. Der Busen lächelte aber noch stärker, und nachdem ich ihr meine Wünsche geflüstert hatte, konnte ich dort sämtliche Telefonate wieder kostenlos machen. Auch sie war eine offenherzige Germanin, die ja schon bei den Römern sehr beliebt waren. Überall Germanen hier unter den Indianern, wie zu Roms Zeiten, bloß anders. Ist Kanada in der BRD oder ist Kanada in der Welt oder die Welt in der Erde ? Jedenfalls war auch nur ein Tonband zu besprechen, als ich den Guide zu Hause anrief. Und mit Helikopter ein und ausfliegen kostet 500 Dollar die Stunde, also tausend Dollar in meinem Fall, und das war mein Monatsgeld hier. Dann stand man trotz Busen wieder auf der Straße, wartete kurz, der Traum mit dem Kanu geplatzt, und jetzt kein Guide zu erreichen, ich brauche erst einmal eine Mütze für den Urwald. Da werden bestimmt noch Blackflies, eines der miserabelsten Abenteuer im Urwald, im Busch sein, es soll sogar Frostblackflies geben.

Mit der neuen Mütze aus recycle wool in Winnipeg gemacht stand man wieder auf Mainstreet, und wieder kam der Taxifahrer vorbei. Das gefiel mir. Das passiert nicht im Traum, das ist solidere Realität hier, diese Art von Verbindungen. Er fragte, ob ich Erfolg in meinen Angelegenheiten hatte. Eigentlich ja, ich brauche bloß noch jemanden, der mich die 180 Kilometer durch den Urwald fährt. Mit Taxis war es viel zu teuer. Da gehe ich lieber zu Fuß.

Also lud er einen wieder ins Taxi ein und erzählte von der ‚Twin-Valley-Motor-In-T Bar, dort kommen die Trucker, die Holz aus dem Busch holen vorbei, um sich den Staub aus dem Blut zu waschen. Für ein paar Flaschen Bier würde sich sicher einer finden, der mich mitnimmt.

Bloß, bis zum Fluss fahren die nicht, nur bis zum Babine Lake . Er setzte mich vor dem Inn ab. Während der Fahrt hatte er ein Funkgespräch mit seiner Taxifunkerin. Beide waren sicher, dass ihr Gefühl gut war für das diesmalige Lotteriespiel, aus dem Millionen zu gewinnen sind.

Im ‚Twin Valley lnn' waren noch keine Trucker. Die kommen erst nachmittags. Also saß man an der Theke und bestellte einen Hamburger ‚fully dressed' (voll angezogen). Habe aber gehört, dass die Population in Hamburg trotzdem nicht abnimmt. Hier oben steht man selten stumm an der Bar, Kanada ist synonym mit moderner Kommunikation, Austausch von Wissen, diese Geheinmiskrämereien der alten Unterdrückungsfrequenzen sind hier längst von Bären gefressen, insbesondere dann nicht, wenn andere Menschen neben einem sitzen, und da saß eine kleine Frau und ein Riesenbrocken von Mann, die aßen auch Hamburger.

Er hatte die typische Baseball-Mütze auf aus Plastik, die voll mit Kunstfliegen besteckt war. Also auch einer, der mit künstlichen Fliegen fischt, ein Angler. Man fragte dann, how's fishing, und in dem Moment kam doch tatsächlich ein Rucksackreisender mit Poncho darüber und die Angelrute an der Seite herausragend in die Bar, und ohne die Frage zu beantworten fragte der gefragte den Rucksackmann, how's fishing. Pretty good, caught two steelies today down on the: Bulkley River. Dann wendete sich der Brocken zu mir mit der Frage: Bist du selbst auch Angler? Und schon waren wir mitten im Phantasie-Angeln. Er hieß Garry und sie Karen. Beide hießen Sullivan. Er war Country-Sänger, hatte schon zwei LPs gemacht und spielte in diesem billigen Loch nur, weil er noch Zeit hatte bis zum nächsten Akt im feinsten Hotel in Prince Rupert.

Als ich ihm vom World Famous Babine River erzählte mit den Weltrekord - Regenbogenforellen, war er sofort wacher. Nach Informationsaustausch verabredeten wie uns für morgen früh um 10 Uhr, um zum Babine zu fahren • Ich bot an, die Hälfte vom Benzin zu zahlen, das brachte noch mehr Lubrikation in den Vorgang. Die Entscheidungen rutschten leichter.

Abends ging ich nochmal zum gleichen Plätzchen. Nun war die Bar schweißvoll. Eine Stripperin rekelte ihr Körperchen in gymnastischer Erotik und steckte den ganz nahe Sitzenden ihr blond behaartes Venusbergchen entgegen. Billiardtische ‚Rockmusik aus dem Keller und die Tische voller Biergläser, damit jeder sehen kann, was man schon am Abend so geschafft hat. Ich konnte mich aber nicht sehr lange dort aufhalten. Auch nicht, als Garry seine Songs sang. Da war zu viel Qualm in der Bar.

Am folgenden Morgen marschierte man denn mit seinen neuen Urwaldboots an, zu den Sullivans. Die waren noch ziemlich groggy mit tiefen Augenrändern, grau aussehend, aber ready to go. Mit ihrem Ford 4 WD fuhren wir dann los. Die brauchten noch Filme, und ich kaufte zwei Fünf-1Pfund-Scheiben Bacon geräuchertes .

Dann hinein in den Busch immer auf Kiesstraßen. Das Wetter war einfach super, Klarsicht, warm, es hatte sich auf die Umgebung ausgedehnt , denn die ersten Laubbäume hatten leuchtend gelbe und rote Blätter.

Die Straße führte entlang an kleinen Seen, schneebedeckten Bergen, oder über kleine Bäche.

Die Sullivans lebten ein freies großes kanadisches Leben. Er bekam im Schnitt pro Auftritt 300 Dollar pro Abend und das waren inklusive Zimmer und Nahrung.

Sie wohnten eigentlich in der Okanagan Valley, wo auch ein Onkel von mir lebt, das Obsttal der West- Küste. Dort hatten sie sich jetzt Land gekauft, und einige Pferde auch. Die Pferde galoppierten dort frei herum. Steuern zahlte er keine. Er will auch nichts von den Politikern, meinte er.

Wir fuhren nun schon ein Stündchen und mussten nun entweder rechts oder links abbiegen; bloß, das Straßenschild hatten die Blechfresser -Elche - aufgefressen, da war keins. Also fuhren wir links lang. Bald trafen wir auf eine gelbe Straßenplaniermaschine samt Insasse. Der Weise da in der Maschine, der wird uns sicher den Weg weisen, meinte Garry. Und was, Garry stellte seine Fragen, und es stellt sich heraus, dass dieser Weise doch tatsächlich aus München war. Aber die Vergangenheit wurde sofort beiseite gelegt, und wir waren wieder die vier Menschen dort im Urwald, die ihre freundliche Atmosphäre austauschten. Nach drei Stunden sahen wir dann den Babine See, der über 160 Kilometer lang ist, und kurz darauf die Brücke, die über den Babine River führt. Einige Meilen weiter endet die Kiesstraße. Von da an geht es nur noch zu Fuß über die Berge. Wir schauten dann von der Brücke in den Fluss. Und •• Ohhh! Waooh! Wahooooh! Das Staunen hatte uns. Da unten in dem klaren Wasser schwammen hunderte, tausende, zigtausende von Lachsen. Und jedes Foto, das man vorher von solchen Begebenheiten gesehen hatte, verblasste im Angesicht der Wirklichkeit.

Wir alle hatten sowas noch nie gesehen. Die Lachse leuchteten in Rot oder waren ganz dunkel gefärbt. Einige waren auch noch silbrig und andere hatten schon den Verwesungspilz als weißes Verfaulkleid an. Phantastisch, einfach Phantastisch! Und was für große Fische: 20-, 30-,50-,60-, 70. Pfünder, ein Anglerherz ist hier im Paradies. Und das ist es ja sowieso. Also für mich war das Paradies hier, es war anwesend.

Wir packten sofort unsere Angelsachen aus. Die beiden hatten noch zwei bis drei Stunden, bis sie wieder zurück mussten, weil er doch singt. Ich baute dann auch die Flinte zusammen, was sogar auf Fragen von Garry geschah, und mich überraschte, und schon lag die erste Kanonenkugel im Lauf. Auch obwohl zu unserer Überraschung etwa 200 Meter zum See hin nochmal eine künstliche Barriere war, eine Brücke mit Absperrung, das war ein Fischzählwerk und links am Fluss waren die Bäume abgeholzt und mehrere saubere Holzhäuser standen dort. Schon beim ersten Versuch, an den Fluss zu kommen, sahen wir nur diesen kleinen Trampelpfad. Aber das Grün der Pflanzen war erfrischend. Ein echter Urwald. Bloß auf den Pfaden, da lagen so manche riesige Kothaufen, Bärenschiss, ganz klar. Und sofort waren wir eine Stufe wacher. Ich musste nach vorn gehen und wir redeten nun sehr laut. Schon bald hörte der Pfad auf und wir traten den Rückweg an. Später standen wir dann auf der gegenüberliegenden Seite des Rivers , und zwar dort, wo der Nichyeskwa Creek in den Babine fließt. Am Sandstrand waren mehrere Bärenspuren, unter anderem auch Baby-Spuren. Mammies mit ihren Kindern waren auch dabei.

Man konnte gut die Krallen abdrücke sehen. Also Grizzly's.

Die Lachse bissen enorm gut. Bloß waren es alles Sockeye und Pink Lachse, und die sind im Fluss geschützt. Karen und er ließen sich viel Zeit, er wollte so lange wie nur möglich, doch ich musste noch meinen Zeltplatz finden, das Zelt aufbauen, Feuerholz besorgen. Aber gegen 16 Uhr verabschiedeten wir uns, nachdem sie meine sämtlichen Sachen inklusive vier Kartons mit Lebensmitteln näher zur Fischzählstation gefahren hatten.

Nach kurzem Gespräch mit den Fischbiologen konnte ich meine Lebensmittel bei ihnen in eines der Holzhäuser hineinstellen, bärensicher. Denn das In-die-Bäume-Ziehen war zu viel Arbeit, die Kisten zu schwer, und die näheren Bäume hatten zu dünne Äste. Das Zelt baute ich dann rucky-zucky direkt am steilen Flussufer auf, um- geben von braunem hohem Gras.

Von dort hatte man einen schönen Blick auf den Fluss, es wurde auch schon dämmerig. Große Steine wurden für den Feuerplatz gesucht, und dann das Feuerholz.

Dann hörte man ein Boot den Fluss hochkommen, sofort ging ich über die Holzbrücke, und als das Boot gelandet war und mir ein watscheliger Typ entgegenkam mit der Schwerfälligkeit eines Bärenschrittes, war mir auf einmal spontan klar, dass das der Guide von dem Camp sein musste.

Er war es auch. Jim Ismond. Er hatte mein Gespräch als Tonbandaufzeichnung gehört und bot mir sofort an, mich bis zu seinem Camp morgen früh mitzunehmen, er fährt jetzt aber zurück nach Smithers, um weitere Utensilien zu holen und kommt erst morgen Abend, dafür ist morgen früh ein junger Guide hier, der mich mitnimmt. Was für eine Freude!

Alles fällt wie von selbst in sein gemütliches Plätzchen. Und dann kümmerte sich sofort jeder wieder um sein Nötigstes. Schnell wurde noch mehr Feuerholz besorgt, denn ich wollte das Feuer so lange wie nur möglich anhaben.

Obwohl nämlich die Biologen, die logen wohl, mir gesagt hatten, dass hier bei ihnen keine Bären waren, hatte ich sofort beim Weckgang auf dem gepflegten Rasen zwei dicke Haufen gesehen, und einer war sehr frisch. Die Not machte jetzt richtig wendig. Zum Sitzen wurde schnell noch ein dicker Ast herangezogen, und schon wurde die Pfanne in freier Natur bei ankommender Dämmerung geschwungen, während vor einem die Lachse ununterbrochen aus dem Wasser sprangen und die Abendfeuchtigkeit neblig über die Erde kroch.

Schnell und gut genährt mit Räuchertee, ich hatte einen kleinen Wasserpott in München liegen lassen, goss man noch ein Schlückchen Rum aus dem Flachmann, dem einzigen, zum Tee. Der Frost konnte nun gut gesehen und gefühlt werden, wie er versuchte, seine Gefrierkünste zu vollbringen.

Man stand noch vor dem Feuerchen, bis die Dunkelheit sehr schwarz aussah, natürlich mit der Flinte in der Hand. Der Münchner Phantasiekopf war nun geplatzt, hier war jetzt der Urwald-Wille nötig, im Zelt wurde dann noch gedöst, und schon schlief man ein.

Doch dann, was war das, denn obwohl man schlief, reichten die Ohren, soweit sie hören konnten, ganz unbeweglich bewegte ich mich, ok, von mir aus hat da nur eine Maus gehustet, aber ich kroch aus dem Schlafsack, wenn man beim Mäusehusten schon so im Zelt dasitzt, wie soll es dann erst im Ernstfall sein, und flutsch, schon stand man voll angezogen mit Gewehr in der Hand vor dem Zelt und schaute in die Nacht hinein, hier gibt es keine Straßenbeleuchtung, kein Fenster Licht, hier ist Ursprungsnacht.

Aber dahinten bei den Häusern, da war noch ein kleines Lichtchen. Auf dem Gras war schon der Frost. Mit dem Schlafsack unterm Arm ging man dann zum Licht. Und vor dem Licht stand noch ein Mann. Die Stimmung war sehr ruhig. Er packte etwas vorsichtig um, der Chef von einem Fischbiologenteam, das hier war, um die DNA-Strukturen der Babine-Lachse zu untersuchen, und dafür mussten sie alle morgen früh um vier Uhr aufstehen.

Aber natürlich konnte ich im Haus übernachten. Da ist genau noch ein Bett frei, das war das Haus, in dem die Lebensmittel gelagert waren. Die anderen schliefen schon, im Haus knackte angenehm ein warmes Feuer im Ofen, Mensch, was für ein anderes Paradies, und paradiesisch schlief ich auch.

Am Morgen lag dichter kalter Nebel über dem Tal. Ein Schluck geräucherten Tee aus der Thermosflasche, die man sich am Lagerfeuer gemacht hatte, und einige Mars Bars waren das Frühstück. Während des Wartens auf das Boot ging ich hinunter zur Fischzählstelle und redete, soweit das ging, mit einem Indianer, der die Lachse zählte und nach Gruppen ordnete. Die Indianer bekamen ihren monatlichen Scheck von der Regierung, sie hatten freie Behausung, freie Elektrizität und bekamen nun kostenlos eine Telefonleitung von Smithers zum Babine Lake, denn dort war ihr Dorf.

Er erzählte mir, dass die meisten den Drogensüchten ergeben sind, nicht nur Alkohol, sondern auch Kokain, Hasch und Heroin, aber das es in anderen Dörfern besser ist, manche Dörfer haben sich gefasst und erkannt, dass sie trotz allem ihr Leben so leben können, wie sie wollen, es gibt über siebzig verschiedene Reservate allein in British Columbia. Ansonsten werden die Indianer in Frieden gelassen, und dass das menschliche Leben ein andauerndes Verändern ist, liegt klar ersichtlich, so sehr viele halten sich an alten Traditionen fest, in ihren Köpfen ist immer noch das 18. Jahrhundert. Er erzählte mir auch, dass an manchen Tagen bis zu fünfzigtausend Lachse gezählt werden. Auch das die Anzahl der Sockeye und Pink Lachse von einer Million auf drei Millionen erhöht wurde, dank Fischzuchtanstalten am Babine See, in denen optimale Brutaufzucht gemacht wird.

Wenn er spricht, sprach er so leise, das man ganz vorsichtig zuhören musste.

Hier am Fischzählwerk wurde einem wieder klar, wie üppig die Natur, wie überfließend sie doch ist, aber auch, wie viel Überschäumender und produktiver wir Menschen sie doch machen können.

An der Westküste Kanadas gibt es an den fischreichen Flüssen sehr viele Fischzählstellen. Dadurch erreichen die Kanadier, sofort zu erkennen, ob der Pazifik Lachsfischer überfischt oder ob er mehr fischen kann als im letzten Jahr, statistisch wird die gesamte Region ausgewertet, und danach wird dann bekanntgegeben, wie lange "WO" wie viele Lachsfischer ihre Netze auslegen dürfen.

Ich lag gerade gegen einen Holzpfosten gelehnt mit Blick auf die springenden Lachse und die mich wärmende Sonne, am Fluss, als das Boot brummend zu hören war. Der junge Guide trug die typische Plastikschirmmütze, wie sie fast alle männlichen Typen hier haben, seine war rot. Ohne viel Worte wurde sofort mein Equipment ins Boot geladen, trotzdem erkannte man, das die Wortlosigkeit dieses jungen Guides nicht jene war, die aus der Ruhe heraus entstand, da war was anderes dahinter, da war Stolz und Muffeligkeit dahinter. Das sollte später für den Guide noch Folgen haben. Wir luden dann noch zwei Gasflaschen a 260 Pfund ins Boot, und dann fuhren wir, unter uns die Lachse auseinanderrasend, den Babine hinunter. Ahhh, hinein, dorthin, wo keine Straßen sind, keine Wege, nur Tierpfade. Mir wurde dann gesagt, dass ich mir nichts draus machen sollte, wenn das Boot mal gegen Steine stößt oder ausläuft, das gehört zu dieser Flussfahrt. Ok, man.

Wir fuhren vorbei an dem Nichyeskwa Creek, bogen dann rechts hinunter in ein quirliges Gefälle, wo auch schon die ersten Bollereien zu spüren waren, und drehten dann links hinunter vorbei am Nilkitwa River, der im Gegensatz zum Babine klares Schmelzwasser führte. Der Babine ist Seewasser, und das war klar, aber bräunlicher. Direkt am Auslauf des Nilkitwa stand dieser riesige Cottonwood- Baum, und oben in seiner mächtigen Krone sah ich das erste Adlernest, eine Ästeburg von adlerischem Umfang.

Während der Fahrt sah man dann genügend Adler, die uns mit ihren herrischen Blicken beäugelten. Weißkopfadler und Golden Adler. Aber auch Kolkraben konnte man hören. Etwa sechs Kilometer weiter war ein Camp, aber das war nicht das Camp, zu dem wir wollten, das gehörte den Mansons. Die Häuser waren aus fabrikgeschnittenem Holz zusammengezimmert, keine Blockhäuser, und waren rot angestrichen. Sehr rationell Aussehender Platz.

Der Fluss entwickelte ein sehr starkes Gefälle, was dem Guide anscheinend Kopfschmerzen bereitete, so wie er nun aussah. Er war eher sehr angespannt, so wie der Blick der Adler, fixierend, man konnte sehen, das der Fluss den jungen Guide ganz schön in die Klemme nahm, anstatt anders herum. Der Babine war ein freier Fluss, was ja mit der Begradigung unserer Flüsse nun nicht gerade mehr gesagt werden kann, er fließt und springt, donnert und schmettert seine Kraft überall hin, und immer kann er machen, was er will. Und diese Freiheit wird dann auf uns zurückgestrahlt. Riesige, VW-Bus-große Brocken lagen im Flussbett. Dicke Baumstämme am Ufer. An manchen Stellen sieht er glatt aus trotz starker Wassergeschwindigkeit. Dort ist er breit und tief, dort liegen die ganz dicken Lachse, die Chinooks, die über hundert Pfund wiegen können.

An einer Stelle, dem Log-Jam Pool, da wird er ganz plötzlich von einer Breite von 60 bis

70 Metern auf sechs bis acht Meter Breite reduziert, der Fluss macht dort eine Rechtskurve, und in dieser Kurve ist ein Gewirr von aufgeschwemmten Baumstämmen, tausende liegen da im Wirrwarr, sozusagen Flussmikado für Riesen, und dagegen drückt der zusammengepresste Fluss nun mit Superpower, da wurde die Fahrerei nochmal knifflig, man muss das Wasser dort sehr gut lesen können, die Fließkraft würde das Boot sonst gegen die Bäume schmettern, das Boot hatte über tausend Pfund geladen, einen 50hp Jetmotor. Der Trick bestand darin, ganz langsam an der rechten Seite des Flusses hinzufahren, ins seichte Wasser, und dann mit Vollkraft den kürzesten Teil der Innenkurve durchfahren, nur so konnte man dem Sog entweichen •

Vom Log-Jam Pool bis zum Camp waren es noch zehn Minuten Fahrzeit. Dort angekommen, wurde das Boot sofort von einem Jungen an Land gezogen. Keiner stellte sich vor. Keiner wollte was von einem. Fünf Holzhäuser standen zwischen den Bäumen. Nachdem das Boot geleert war, gingen wir in das Haupthaus. Da war noch eine Frau. Die Mutter von dem Jungen und Frau von Jim Ismond, Kathy.

17 Kilometer waren wir gefahren. Der mich gefahren hatte hieß Darin. Das Kind Ted. Die Namen fand ich durch Zuhören heraus. Die Frau bot Essen an und war erfreut, dass ich zusagte. Dies ist auch das erste Mal für sie und die Familie hier unten im Busch. Auch sie ist erst zwei Wochen hier und alles ist auf diesem Camp für sie recht neu. Beim Essen und Zuhören überlegte ich mir, wo ich damit anfangen würde, das Hochplateau zu bauen. Und wo heute Nacht das Zelt stehen sollte. Die Bärensituation gefiel mir gar nicht, insbesondere nicht allein im Zelt. Die ersten Angelgäste kommen erst in zehn Tagen. Nach dem Esse wurde ein Drei-Liter-Pot Tee auf den Tisch gestellt. Man erfuhr, dass das Camp vor ca. zwanzig Jahren von Bob Wickwire erbaut wurde und vor drei Jahren an zwei angelnde amerikanische Ärzte verkauft wurde für fünfzigtausend Dollar. Die Amerikaner waren zwar die Besitzer, konnten aber keine weiteren Angelegenheiten machen. Dafür ist nach kanadischem Gesetz ein kanadischer Angelguide zuständig, und das war nun Jim Ismond, dem ich im Stillen den Namen der ‚Bär' gab, weil er nämlich so ähnlich daher watschelte, Aber intuitiv sollte der Name ‚der Bär' gar nicht so weit daneben gelegen haben, als man, später herauserkannte, und noch mehr.

Der ‚Bär' hatte noch ein eigenes Angelunternehmen, genannt Northland Angling Guide Service.

Anstatt die Zeltplattform zu bauen konnte ich wieder in einer der Holzhäuser Übernachten, solange ich dort nichts verschmutzte, meinte die Frau Kathy.

Am folgenden Morgen kam Jim Ismond zurück. Nach kurzem Gespräch stellte sich heraus, das eine Sieben-Mann-Gruppe von Anglern aus Südafrika zum Lachsangeln morgen in Smithers zu ihm kommt. Und wenn ich den beiden Boys hier bei seiner Abwesenheit Helfe, könnte ich bis zum Ende meiner Reise hier im Camp leben und brauchte nicht wie Tarzan in den Bäumen zu Übernachten. Das gefiel mir vorzüglich. Ich hatte sowieso noch nicht die richtige Baumkonstellation gesehen, um ein Plateau dazwischen errichten zu können. Und dann noch die Extra-Arbeit alleine..

Da ist es im Haus doch angenehmer, da kann man in Ruhe von Bären träumen. Innerhalb von Minuten waren fast alle neuangeschafften Urwaldüberlebenswerkzeuge umsonst eingekauft. 35cm Nägel, Pfanne, Zelt, Axt, Säge, und sogar die kleine Flasche CS Gas 500 Super Abwehrtränengas, falls mein Bärchen auf Fellfühlung kommen sollte, auch die Vorstellung war vergast. Dafür stand jetzt Dachdecken, sieben Holzhäuser mit Feuerholz für zwei Monate Versorgen, tausend Liter Benzin holen, sechs 260Pfund-Gasflaschen holen. Wir hatten zehn Tage für uns, und für mich war das einfach die solideste Zusammenfallung von niemals erträumtem. Ich würde der Koch für uns sein, da ich 1969 in Ottawa als Tellerwäscher bei Dominion Barbeque gearbeitet hatte. Aber Darin ist der Boss, sagte der ‚Bär' noch zu mir, mich dabei ganz genau anschauend. Als der ‚Bär" und seine Frau dann schon im Boot standen, rief er mir noch zu, das ich auch meine Lebensmittel gebrauchen sollte, und zu uns allen, das wir aufpassen sollten, denn jetzt kommen sehr viele Grizzly's von den Bergen in die Täler, um sich an den toten Lachsen zu laben.

Dann waren wir allein. Es war grau geworden. In den Baumspitzen hingen Nebelwolken und Nieselregen fing an zu nieseln. In der Hauptlodge legte der Zwölfjährige erst mal eine Kassette ins Riesen-Stereo-Radio und raus kam in Voll-Power ‚She was a fast machine", von AC/DC. Das würde so die ganzen Tage gehen, das Radio wurde auf Hauswackelstärke gedreht, und wenn es mal irgendwo zu lange ruhig im Haus war, oder vorm Frühstück die Glieder noch Tiefschlaf hatten, fragte einer von den beiden grinsend: ‚Ich glaub, ich leg mal neue Kassette auf, es war zu 90 Prozent immer AC/DC. Richtige Hammermusik. Aber uns gefiel es. Die Musik entspannte richtig, nachdem man die wunderbaren Schrecken des Urwaldes kennenlernte..

Wir waren so lustig, dass Ted an den ersten zwei Tagen, als er Abwaschdienst hatte, noch dazu tanzte. Doch dann wurde er mürrisch, die Eltern waren weg, und er wollte nichts tun, was wir beiden anderen aber zu verhindern wussten. Dann soll er auch alles selber machen, kochen, und, Lunch ...

Später, als die Eltern wieder da waren, wurde auch die Musik nicht mehr gespielt. Bevor Kathy mit ihrem Mann wegfuhr, hatte sie noch zwei Zehn-Liter-Gläser voller frischgebackener Chocolate-Plätzchen hinterlassen, und obwohl die Mäuse dort nicht herankommen konnten, waren doch tatsächlich nach drei Tagen die Gläser weggeputzt, ich merkte es erst, als es für mich schon zu spät war. Die beiden mussten sich tagsüber die Hosentaschen vollgepfropft haben. Mensch, waren die gut.

Am ersten Tag rasten Darin und ich dann den Babine hoch, um die weiteren Benzinfässer für Generator und Bootsmotoren zu holen, als wir zwei 200 Liter-Fässer und zwei Gasflaschen eingeladen hatten, fing's richtig saftig an zu regnen, und der prima Regenmantel lag noch im Gepäck.

Der Guide fing wieder unentspannt von der Anstrengung der Flussfahrerei zu reden an, eine Hin- und Rückfahrt macht ihn fertig, meinte er. Er machte sich Sorgen, keine erfrischenden Gedanken, er sah sein Leben als Last. Wogegen ich alles genoss und der Sauerstoff, endlich Sauerstoff, also für mich war es phantastisch, er hatte das weitverbreitete Job-Syndrom. Erst viermal ist er diese Strecke hin- und hergefahren, der ‚Bär' hatte ihn einmal mitgenommen, und dann einmal fahren lassen, wo er als prüfender Zuschauer dabei war, und das war alles. Darin fluchte deswegen. Er fluchte gegen den ‚Bär'. Gegen den Fluss, den Regen. Ich war die Ruhe selbst und durchschaute seine Nörgelei. Er war kleinsinnig ich war größensinnig man musste sich in der Mitte treffen um alles realistischer zu sehen, aber vielleicht lag es auch völlig anders.

Als wir die schwierige Anfangsstelle hinter uns hatten, mit erheblichem gepolter, und auf die nächste stark fallende Flussstrecke zusteuerten, wo wir uns ganz nahe an einem Türgroßen Felsbrocken vorbeischleichen mussten, ging auf einmal der Motor aus und das Boot glitt mit Vollgeschwindigkeit auf das Ufer zu. Wir mussten uns beide flach hinlegen, um nicht vom Weidenufergebüsch weg gefetzt zu werden und versuchten, trotzdem noch an den Ästen das Boot zu stoppen, aber eher riss man sich die Hand ab. Und so krachten wir gut abgefedert auf Gestrüpp und Wurzeln und hatten so viel Glück, nicht auf eine Steinuferzone gerast zu sein. Einige tiefe Schrammen im Bootsleib, das war alles. Außer, dass aber in den Köpfen viel mehr passierte, als eigentlich der Fall war. In Gefahrensituationen, umso gefährlicher, umso ruhiger werde ich, aber Darin, für ihn sah alles noch düsterer aus, er hatte sowas wie den Untergang der Gorch Fock vor sich. Er war blass. Ich war durchnässt und wusste nun, dass man diese Bootsfahrten nur noch mit Regenmantel und den brusthohen Wattstiefeln machen konnte. Darin hatte zwar Hüfthohe Stiefel, doch beim Versuch, das Boot zu befreien, wurden die randvoll gefüllt und das Wasser hier war sehr kalt. Das Boot saß gar nicht sooo fest, es wurde aber von der Strömung langsam herum manövriert, so warf ich auf Darins Sagen den Anker, der hielt aber nicht am Ufer, die Strömung erwischte dann das Boot mit Vollkraft und es wurde sehr schnell herumgerissen, und sogar nun auf den Felsbrocken zu. Also ertrinken konnte man so leicht nicht, das Wasser war nicht tiefer als zwei Meter. Darin sprang schnell wieder ins Boot, und gerade in dem Moment, als wir uns darauf vorbereiteten, jetzt auf den Felsbrocken getrieben zu werden, wurde die Fahrt gebremst, der Anker, den hatten wir im Getöse und Geracker ganz vergessen, er hatte auf einmal voll gefasst. So saßen wir erst einmal und schauten uns die Lage an. Da sind keine Ruder im Boot. Es war so schwer, das wir nur eine Chance hatten, es nämlich in Ufernähe über die Geröllbrocken zu schleifen, denn der Motor wollte nicht mehr. So ging Darin wieder ins Wasser und versuchte das Boot nach links zum Ufer zu bugsieren, während ich es hin und her schaukelte. Aber auch das ging nur mickrig, denn der Anker saß nun so fest, dass ich die Leine kappen musste, und dann rackerten und schufteten wir das Boot mit seinen über tausend Pfund über Steine aus Klemmen hoben und schwitzten in Regen, so dass wir nach gut zwei Stunden eine Strecke von ca. 40 Metern hinter uns gebracht hatten, vorbei am

Gefälle waren und nun das Boot in ruhigem Wasser stand. Nach langer Fummelei startete der Motor wieder.

Diese Motorpannen sollten eine Reihe von anderen Pannen entzünden, von denen wir beide noch keine Ahnung hatten.

Es stellte sich heraus, dass zu viel Wasser im Benzin war und jeden Tag das Benzin gefiltert werden musste. Das passierte mit einem dicken Filzfilter, denn diese Chemikalien, die Darin ins Benzin goss, um das Wasser zu verpuffen, halfen nur dem Hersteller.

Aber das Filtern brauchte Geduld, und Darin kannte nur Bewegung, wenn er wach war. Und so wurde sein Groll gegen den ‚Bär' wachsen. Er selbst war nicht der Arbeitgeber, so sah er seine existenzielle Situation. Wenn ihm was nicht passte, waren es die anderen.

Völlig durchnässt wieder im Camp machte ich mir erst mal einen Grog und trank danach noch Klosterfrau Melissengeist, denn ein Schnüpfchen hatte sich im Kopf eingenistet. Abends wurden dann auch die Mäuse munter. Es war schön warm gemütlich im Haus und das gefiel ihnen. Munter flitzten sie auf dem Kamin entlang oder schauten sich unser Tun an, AC/DC schien auch ihnen zu gefallen. Sie schauten dann mit ihren Kulleraugen durch die Ritzen im Kamin, der bislang noch nicht eingeheizt war. Oder aber sie wetzten auf dem Gasherd herum, ja, manche tippelten sie sogar an uns vorbei, als ob wir gar nicht da waren. Dementsprechend voll waren die Mäusefallen. Klick, klack, ging's den ganzen Abend. Diese Falle fing die Mäuse lebend. Die wurden dann von Ted getötet. Manchmal mitsamt der Falle in den Bach geschmissen. Und Darin machte abends seine Skizzen, das waren Mäuseskizzen.

An den Fensterrahmen und anderen Stellen waren Fliegen festgehakt, das waren Fliegen, mit denen in den Jahren Steelheadforellen gefangen wurden. Ted musste abends immer in das Generatorhäuschen, um ihn auszuschalten. Er kam dann immer sehr schnell in unsere Schlaflodge gelaufen. Aber die Bären kamen erst, nachdem im Camp Ruhe war. Abfälle wurden immer mit Diesel begossen und in einer Vertiefung verbrannt. Aber in der Hauptlodge waren Vorräte, die drei Monate für täglich fünfzehn Personen reichten. Zwei riesige Tiefkühltruhen, zwei Riesen-Kühlschränke, sogar einen Duschraum gab es mit Gasheizung. **Das war also der ursprüngliche Babine River Trip geworden. Die Münchner Idee, von wegen mit dem Kanu den Babine River herunter, war nun von der Babine River Wirklichkeit geprägt.**

Die Arbeiterei gefiel mir sehr gut. Wir sägten und hackten und stapelten Holz, bis die Motorsäge, nachdem ich sie schon zweimal repariert hatte, endgültig aufgab. Und siehe da, wir hatten genug Holz für alle Häuser. Doch Darin war nervös. Mir kam es vor, als ob in seinem Kopf ein Drehstrommotor war, der seine Erkenntnis nur zentrifugal sponn.

Ansonsten hagelte und regnete es einige Tage. Aber wir hatten trotz des Wetters eine Bärenlaunenlust im Wald. Nachts wurde es schon Minus 3 bis 4 Grad, und beim Aufwachen war man dann eiskalt schnell, um ja warm zu werden. Ich war bis auf einmal immer zuerst wach, machte ein Feuer, ein knackiges, und rührte den ExtraSpezialteig mit vielen verschiedenen zerhackten Nüssen, für unsere tägliche Bannokesserei, die wir dann mit Erdnussbutter und Ahornsirup vernaschten.

Danach kam das Frühstück, Würstchen, Schinken, Eier und die drei-Liter Kanne Tee. Ich hatte den Pompadour Gold in Teebeuteln mitgenommen, der zwölf Stufen feiner war als der normale kanadische Lipton-Tee, der dunkelbraun und nicht so weich war, das gefiel den beiden auch sehr gut.

Kleine Reibereien gab es mit Ted, er wollte nicht viel tun. Stattdessen ging er lieber mit seiner professionellen Flitsche (Katapult) auf Möwen schießen. Eine miserable Angewohnheit hatte er dann, wenn er Küchendienst hatte, die Luft durch Furzen zu verpesten. Er stellte sich auch deswegen so ganz lässig neben einen. Bis mir das zu viel wurde und ich die Tür neben ihm öffnete, da kam Zero Grad in die Lodge herein und trieb die 20 bis 24 Grad auf den Fluss.

Nach vier Tagen hatten wir fast alles gemacht. Bloß noch das Dach von unserer späteren Lodge musste noch gedeckt werden. Wir würden da hineinziehen, wenn die Angler kommen.

Die kalte Periode ging vorüber. Nun hatten wir tagsüber 15 bis 18 Grad und Klarsicht. Auf den Bergen lag schon Schnee. Viel langgestreckte Landfläche gab es nicht zu sehen. Das Flusstal war meistens eng, und so sah man fast meistens die Bäume am Fluss mit den ersten Berghängen. Die Luft war sehr würzig. Würziger als in Bayerns Wäldern. Das Moos war viel dicker, viel federnder. Überall wuchsen Pilze in leuchtenden Farben.

Nachmittags fuhren wir drei dann zum Fischen. Ich fing die ersten beiden Coho-Lachse, 4 bis 4,5 Pfund. Einen davon würde ich abends mit Zwiebeln und saurer Sahne dünsten. Auch im Urwald wird geschlemmt. Die größten Regenbogenforellen der Erde, die im Skeena-System vorkommen, in den der Babine auch fließt, waren noch nicht in Mengen im Fluss angekommen, das würde sich aber bald ändern. Wegen dieser Forellen kommt die Elite der amerikanischen Fliegenfischer und Blinkerfischer in diese Gegend.

Der alte Weltrekord liegt bei 33 Pfund. Aber an den Fischzählstellen wurden schon Fische über 50 Pfund identifiziert. Die Regenbogenforelle ist der Oberflächentänzer unter den Forellen und Lachsfischen, einmal gehakt, springt sie aus dem Wasser und versucht den Haken loszuschütteln. Vielleicht will sie auch sehen, was da oben vor sich geht.

Nachmittags kamen trotzdem noch die Blackflies heraus und sausten, obwohl es nur etwa dreiundzwanzig Stück waren, um den Kopf herum, aber eine einzige ist schon lästig genug. Die Blackflies stechen nicht wie die Mücken, sondern sie beißen ein Stückchen Haut kaputt.

An einem Nachmittag voller herbstlichem Glanz nahmen wir uns vor, zu Fuß am Fluss entlang zu einer zerfallenen Hütte zu gehen, die wir vom Boot aus gesehen hatten. Darin nahm deswegen das Campgewehr auch mit, eine 30.06 Remington Automatik. Das Gebüsch am Fluss war so dick, dass wir nur durch die Tunnel der Bären gehen konnten. Ich bevorzugte, mit Gewehr im Anschlag vorne zu gehen. Durch diese hohle Gasse muss er kommen, fiel einem dann aus dem Gedächtnis ins Bewusstsein der Satz ein, als man gebückt durch den Bärentunnel ging. Wir waren sehr laut und achteten darauf, nicht irgendwie auf verdächtige Stellen zu treten, z.B. mit Erde und Laub und Ästen begrabenes. Das war fast immer ein 3-Sterne-GrizzlyImbiss-Versteck, und er ist ganz in der Nähe, sein Nickerchen haltend. Oder er war schon im Anlauf, um uns die Tatzen richtig zu zeigen. Wir mussten dann vom Fluss wegbiegen, um eine 45GradSchräge hochzukraxeln, die ca. 40 Meter hoch war.

Und dort oben zwischen den Highcranberry-Büschen waren dann die Reste von der Hütte. 1932 war sie laut Brandzeichen gebaut. Keine Mitbringsel waren Übrig, alte Flaschen oder Geweihe oder der alte Goldsack. Aber die Sicht war exzellent, das Flusstal konnte sehr gut Übersehen werden und als Jäger oder Fotograf - oder auch als Foto-Emperor war dieser Platz so optimal gewählt.

JA! Für uns waren aber zu viele Bärenzeichen in dieser Umgebung, Pfade, Kot, Liegeplätze, so machten wir uns sofort wieder auf den Rückweg. Bei dieser Wanderung verlor ich meine Polaroid-Brille, meine Polbrille, die gute Dienste geleistet hatte, denn während der Bootsfahrten konnte man sehen, wo in den Pools die Fische standen, und vor allem, wo die Steine waren, denn der Fluss wurde Stunde um Stunde flacher.

Am Tag verlor er ca. 20 bis 25 Zentimeter Landfläche. Am folgenden Morgen wollte keiner mitkommen trotz Versprechens, was es wohl auch war, um die Brille zu suchen. Also wieselte ich allein mit der Winchester durch die Bärtunnel, laut singend, sogar akustisch redend, denn gestern Abend beim Dämmerlicht, als wir beim Essen waren, watschelte doch ein fetter, goldbrauner Grizzly auf der gegenüberliegenden Fluss Seite gemächlich vorbei. Bis wir angezogen waren, Flinten und Kameras hatten, war er schon hinter der Flussbiegung. Wir sahen ihn dann noch in der Ferne den Hang heraufklettern, aber nur als schwarzer Punkt auf der Kiesfläche. Auch mit 400mm und dem Licht wäre das kein Ok-Foto geworden. Und jetzt ich singend in dieser Bärengegend, in der die Statistik meint, dass in dieser Babine-Region ca. fünfzig bis sechzig Grizzly's leben, und das waren verdammt viele im Gegensatz zum Ebersberger Forst, in dem man ganz entspannt Pilze suchen kann.

Ich fand die Brille und war ziemlich aufgeregt, denn zweimal knackte es verdächtig, konnte aber auch ein Elch sein, der jetzt Brunftgehabe anfängt und schon so manchen auf die Bäume gesendet hat, und sogar Tage vor dem Baum wartete. Das Knacken war auch kein morscher Baum, der mal wieder tosend umfiel, was man sonst noch nie gehört hatte, aber hier in diesem Gewirr mehrere Male bei der stürmischen Blaserei passierte. Da hatte ganz eindeutig jemand auf Äste getreten. Wölfe, von denen nach BC-Statistik hier ungefähr 40 Prozent leben, und sogar 33 Prozent der Elche oder Cougars, die sind vorsichtiger, das war Bär. Man wurde das Gefühl nicht los, dass die Bären eigentlich uns beobachteten.

Die leben schließlich dort, kennen jeden Baum und jede Pflanze, jedes Geräusch und sämtliche Düfte. Gefährlich sind ja jene Bären, die sich in den Nationalparks an den Menschen gewöhnt haben und wissen, dass sie physikalisch auch ohne Karate Weltmeister sind, aber hier im Busch soll ja schon lautes Geklapper mit Pötten oder Steine Zusammenschlagen oder laut Schreien helfen, aber auch daran gewöhnen Bären sich schnell, wie amerikanische Biologen in ihren Versuchsgebieten herausgefunden haben. Der Charles Jonkeldr, ein Grizzly-Experte, meinte, in den USA werden im Jahr ca. hundert Menschen durch Blitz getötet, 50.000 durch Autounfälle, alle 25 Minuten wird jemand ermordet, 5000 Kinder werden durch ihre Eltern getötet, im Jahr, 345.000 sterben durch Raucherkrankheiten, aber durch Bären wurden 1983 zwei Menschen getötet, sehr wenig, aber als erste Erfahrung da im Busch reicht sowas nicht aus.

Im Camp probierte ich dann erst mal die Winchester aus. Als der Schuss zu hören war, wusste ich, dass diese Flinte mit der Art von Kugel einen Grizzly töten würde, die Wucht des Rückschlags war so stark, als ob jemand mit dem Hammer in lässiger Geschwindigkeit gegen die Schulter geklopft hätte. Mensch, was hatte ich da bloß für ein Mordinstrument in der Hand.

Krieg, Mord, Massenvernichtung kam sofort ins Bewusstsein.

Aber ich wollte ja gar kein Bärenfell haben. Spätnachmittag fuhren wir nochmal mit dem Boot zum Log-Jam-Pool, von dort konnte man die zerfallene Hütte sehen. Wir wollten im Boot warten, geschützt, um zu sehen, wann die Bären zum Ufer kamen. Dabei überraschten wir einen Wolf, der sich weit auf das Kiesufer hinausgewagt hatte, um dort Lachsfilet zu dinieren. In Wolfseile jagte er zurück in den Wald. Wir warteten dann am Fluss hinter dicken Baumstämmen. Die Bären wollten sich aber nicht zeigen. Wir wussten, dass sie da waren. Denn ihre Dämmerungsbewegungen konnten gut gehört werden. Äste knackten, und das typische, knurrige muffelnde Wooof war zu hören.

Aber die wussten wohl auch, dass wir da waren.

Keiner hatte aber auch darauf geachtet, wie der Wind eigentlich stand. Im Dunkeln tuckerten wir dann zurück. Darin kannte den Fluss hier ganz gut, hier gab es nur gefahrlose Stellen, solange das Wasser noch diese Höhe hatte. Aber es fiel ständig.

Mir ging es phantastisch. Duschen im Wald. Reichhaltige Nahrung. Mäuse im Haus. Es war aber auch keine Maus in den anderen Häusern.

Man lernte, dass Biber nicht immer Biberdämme bauen, sondern sich an großen Flüssen Höhlen in die Flussböschung graben, und davor liegt dann nicht sehr viel Biberholz. Wären nicht die typischen Biberknabberstellen in den Ästen zu sehen, könnte man die paar Stücke Holz glatt übersehen. 150 Meter vom Camp war so eine Familie. Diese Wasserbaukünstler hatten in einem kleinen sumpfigen Tal, das dick mit Erlen und Weiden bewachsen war und nur feuchten Boden enthielt, einen Graben in der Mitte des Tals ca. 60 Zentimeter breit und 30 Zentimeter tief gegraben. Sämtliches Wasser sammelte sich nun in diesem Graben, den sie bis zum Waldrand hingezogen hatten, und von dort brachten sie dann auf dem glitschigen Graben ihre Äste und Stämme entlang, es war mehr ein Modder-Schlickgraben. Neben den Bibern kamen auch die Kanada Jays angeflogen, sie hielten sich in der Nähe der Häuser auf und waren relativ relaxed, aber so zutraulich, dass sie uns aus der Hand fraßen, waren sie noch nicht.

Auch der elegant aussehende, wunderschöne Stellers Jay kam und sammelte so viel wie nur möglich er nur mit einem Mal im Schnabel tragen konnte von den Brotkrümeln auf. Er war viel scheuer, und nur, wenn er meinte, wir sehen nichts, dann kam er zum Haus geflogen.

Das Camp war vor einem etwa 400 Meter langen glatten Babine River Pool aufgebaut. Ich erfuhr viel über die Schlitzohrigkeit unter den Outfittern, den Guides und den Campbesitzern, einer versuchte den anderen nach solider Freiheitsmanier auszumanövern. Sogar das andere Camp, sechs bis sieben Kilometer entfernt, gab nur elektrisches Lächeln, unten drunter war alles auf Kampf eingestellt. Sogar unter denen, so weit entfernt, gab es Neid um die Angelplätze. Und so wird aus einem freien River ein unfreier Mensch. Man erzählte mir viel. Es gab aber auch sympathische Kommunikation. Darin sprach ab und zu mit dem jetzigen Besitzer der obigen Lodge, ein Einundzwanzigjähriger, der von seinem mit siebenundfünfzig Jahren verstorbenen Vater gerade das Fischcamp übernommen hatte. Karl Manson gab Darin dann Informationen, wie der Fluss zu befahren sei, wenn das Wasser immer niedriger wird. Es wurde ja auch kein Schmelzwasser mehr von den Bergen geführt, da dort oben schon Winter war. Aber auch mit dem Manson-Camp würden sich später Herbststreitereien entwickeln.

Ich hatte phantastische Angeltage. Man ist fasziniert von den buntgefärbten Lachsen, die in Massen im Fluss sind und nicht beißen, weil sie mit dem Laichen beschäftigt sind. Auch wenn man den Finger ins Wasser hielt, würden sie nicht beißen. Der hohe Sauerstoffgehalt machte sich bemerkbar, man war fast nicht Müde. Regeneration war sehr schnell. Jetzt atmete man mit Freude die Lungen voll. Die Luft roch gut. Erlen wurden gelb. Cottonwoodblätter auch. Die Aspenblätter leuchteten an den Berghängen. Aber noch fielen keine Blätter. Wunderbare Zeit in dieser Gegend.

Doch Darin, so sah man, grübelte viel und wurde um so nervöser, umso näher die Rückkehr von Jim Ismond kam.

An einem Nachmittag gingen wir dann vorbei an den Bibern, um neue Angelplätze auszukundschaften. Die Biber hatten einen großen Aspenbaum gefällt. Hier gab es viele Elchspuren, Hirscharten, aber auch Wolfsspuren. Wir gingen dann in den Wald hinein, da das Ufergebüsch zu undurchdringlich wurde. Und da sahen wir auch schon vor uns ein frisches Lager im dicken Moos. Ein Bär hatte dort gelegen, da waren sogar noch frische Fleischreste zu sehen, und sofort machten wir schleunigst kehrt, um zurück zum Fluss zu kommen. Der Wald ist so unübersichtlich. Überall liegen Bäume, man kann nicht sehen, wo der Bär liegt. Manchmal kann man riechen, dass er in der Nähe ist. Ein ganz bitterer Geruch wird wahrgenommen.

Auf meinen Vorschlag hin räumten wir die Benzintonnen und die Rollen Teerpappe vom Strand vor dem Haus weg. Wenn die Gastangler kommen, soll ihr erster Eindruck nicht der einer Urwaldbaustelle sein. Das ganze romantische wäre nicht dabei. Jim Ismond wollte alles vorne liegenlassen, meinte Darin. Aber langsam dämmerte es, dass dieser Darin konstant nur schlecht von Ismond redete. Da mussten andere Angelegenheiten im Spiel sein. Am vorletzten Tag allein, deckten wir das Dach auf dem Holzhaus ganz hinten, das für uns sein sollte. Doch Darin ging nicht auf den Vorschlag ein, das ganze Dach zu decken, anstatt Flickarbeit zu leisten. Später stellte sich heraus, dass die Teerpappe genau noch dafür reichte und auch dafür gedacht war, und dass er von Ismond den Auftrag hatte, es zu machen. Darin war hinsichtlich dessen, was er tun sollte, oft dumpf. Aber wenn er aus eigener Initiative etwas anfing, dann nicht . Es leuchtete ein starker negativer Egoismus in ihm. Er kommandierte gerne. Wollte aber nicht, dass man es mit ihm macht. Für mich kristallisierte sich das Wesen von ihm in so einer Umgebung viel klarer heraus. Die Ablenkungen und Zerstreuungen sind hier nicht so vom Gesellschaftsverhalten vertuscht.

Nachts wachte ich auf, um den Wölfen bei der Kommunikation zuzuhören. Eine Gruppe rief, und vom gegenüberliegenden Tal antwortete eine andere.

Im Holzhaus musste jetzt nachts schon eine Kopfbedeckung getragen werden. Außer dem Gemurmel des Flusses und dem Gezeter der Eichhörnchen waren noch das Gekolke der Kolkraben und das Geschriiike der Adler neben den des Windes und den Tönen, die wir machten, zu hören.

Das waren alles weiche Töne, keine Polizeisirenen, kein Autohupen, Düsenmaschinen starteten oder landeten. Das sank ein, wenn man dafür wach wurde.

Genauso für die milden Farben. Keine Schriften-Wörter-Reklame-Bilder. Keine individuellen Schaufenster. Dies war ein ganzes riesiges Schaufenster.

Dann hatte Ich einen riesigen Fisch an der Angel, am Ende des Callahans Stand Pools, um den sich später so manche Kampfsituation entflammen würde, zwischen den beiden Angelcamp-Guides, denn dort lagen die ganz großen Fische.

Der Fisch zog sofort mit unbremslicher Kraft ruckartig Schnur von der Rolle, und das war ein mächtiges Ziehen, nach einigen Minuten dieser Kampfstärke riss die Schnur, wohl an einem Felsen. Tatsächlich stellte sich heraus, dass dort eine Kliffkante war, wo der Fisch dann plötzlich fünf bis sechs Meter tiefer tauchen konnte.

Kurz danach kam dann auch das Boot mit Ismond und Frau und einem anderen Sohn. Sie redeten mit Darin, der nervös war. An dieser Stelle, wo ich den Fisch verloren hatte, wurde später noch zweimal gemeldet, dass ein unhaltbar mächtiger Fisch dort gehakt und verloren wurde. Einmal war er fast gelandet worden und man schätzte ihn auf einen neuen Weltrekord. Ja, hier kommen Angler auch deswegen hin, um Weltrekorde zu brechen. Ein olympischer Fluss. Tatsächlich ist der Babine River vom Fish and Wildlife Department in die Kategorie „Trophy River" eingestuft worden. Hierfür muss man einige Dollars extra zahlen. Und nur Einzelhaken dürfen benutzt werden, damit die Fische leichter gelöst werden können. Auch darf nur ein Fisch pro Tag genommen werden und zwei pro Saison. Denn Steelhead sind so eine Art lebendes Symbol an Kampfkraft und Sprung-Akrobatik-Künstler und an aggressiver Beißlust. Sie sind aber auch kommerziell unter Druck von der Pazifikflotte, und werden deshalb stark geschützt.

Zwei Wochen später erfuhr man, dass eine Frau am Skeenan River auf Blinker den alten Weltrekord von 33 Pfund, der seit zehn Jahren bestand, um 10 Pfund übertroffen hatte, der aber noch keine offizielle Anerkennung hatte.

Am folgenden Tag angelte ich wieder dort, im Rucksack steckte das Gewehr unter anderem, das ich beim Alleinangeln immer trug. Wieder das Gleiche, ein mächtiger Fisch, auch er konnte sich vorn Haken befreien, indem er den Haken losschüttelte. Später, als noch viel mehr von diesen Riesenforellen gefangen wurden, ließ ich sie alle wieder schwimmen. Damit sich die Bestände stabilisieren, auch damit ein anderer Angler die Erfahrung hat, einen großen Fisch zu fangen und wieder frei zu lassen, damit ein anderer Angler usw.

Und dann waren auch schon die ersten Angelgäste im Camp.

Ismond hatte uns zuvor gelobt, wie gut wir doch das Camp vorbereitet hatten, dass es gepflegt aussah. Dann erst war Darin erleichtert. Aber auch nur für diesen Zeitraum. Oft genug hatte ich ihm erzählt, dass er nicht so viel Grübeln soll und sich nicht so abhängig von den Urteilen anderer machen sollte. Aber das half nichts, das Grübeln schien bei ihm schon Gewohnheit zu sein. Man erfuhr, dass er neunzehn war und eine Mischung aus Tscheche und Indianer.

Wer nicht aufpasste, konnte sich von ihm die feine Stimmung ruinieren lassen. Als nun die ersten Gäste da waren, sagte mir Jim Ismond, für den irgendwie die Phantasie mehr Wirklichkeit hatte als die einen direkt umgebende Wirklichkeit, dass ich ein Low Profile machen sollte, weil auch einer der Besitzer, Ken High, in der Gruppe war, und der sollte verdammt selbstsüchtig sein.

Im Laufe der Zeit erkannte man aber, dass hier mehr Gewicht auf Gerüchte, Vermutungen oder einfache Spinnereien gelegt wurde. Da wurde viel getrickst, sich wichtig gemacht und der andere schlecht gemacht, und dadurch vergrößerte ICH den Abstand zu dem, was ich von denen hörte, von Tag zu Tag. Insbesondere, wenn von einem anderen geredet wurde, der aber nicht dabei war und man ihn wieder schlecht machte. Als aber dann diejenigen merkten, dass sie mit ihrer Schlechtmacherei keine Unterstützung bei mir fanden, wurden die Themen langsam auf Lob und Gutmacherei geändert, und dann fanden sie wieder Unterstützung bei mir.

Trotz allem war das überhaupt nicht meine Art zu sein, zu denken oder zu kommunizieren, und ich fing wieder an, mir im Köpfchen einen Platz für das Hochzelt zu bauen und allein weiter zu machen. Doch das würde am morgigen Tag schon nicht mehr verwirklicht werden.

Dass manche Angler sehr selbstsüchtig waren, wurde mir direkt bewiesen. Die Angler wussten nicht, was für eine Position ich in ihrem öden Hackordnungseinstufungsdenken hatte, ich angelte, wenn sie weg waren am Home Pool vor dem Haus. Einer der Angler, der besonders gierig war, einer, der in der Angeljournalistik in den USA schon so manches Titelfoto und so manche Story veröffentlicht hatte, Jim Vincent, fauchte mich schon am ersten Nachmittag ernsthaft an, als ich wieder mal im Home Pool angelte. Er meinte, ich solle hier nicht angeln, denn das Personal darf sowas nicht, die Pools sind nur für Angler da. Er wusste, dass ich aus der BRD war und fügte dann noch hinzu, **wir sind hier nicht in einem sozialistischen Land**. Natürlich war sein Gehabe von Wut und Neid durchtränkt. Ich stand bloß dort und schaute ihn an und sagte dann: ‚Deine Bemerkungen sind so flach, wie es die Ignoranz nun mal ist, der Fluss gehört nicht den Campbesitzern er gehört nicht Dir oder mir, jeder, der einen Angelschein hat, kann hier Angeln direkt vor dem Camp, denn das Land gehört nicht den Besitzern, sondern nur die Gebäude, so läuft das kanadische Gesetz, denn wir sind hier nicht in den USA, also leidest Du unter Illusionen, wenn du meinst, denn das hatte er auch nach erwähnt, dass er 1350 Dollar die Woche bezahlt und das Personal gar nichts, wenn Du 1350 Dollar zahlst, dass Du deswegen exklusive Rechte hättest, die beziehen sich nur auf die Guiding und das Bedienen im Haus mit Nahrung und so weiter, **jeder kann hier herkommen und hier angeln .....**
Er schaute noch etwas blöde drein und wollte dann anfangen, mich in eine Diskussion einzuwickeln, aber ich verwies ihn nur darauf, alle Informationen kann er sich von Jim Ismond holen und ging dann. Mick Mickelson kam dann zu mir und meinte, lass dich nicht durch den stören, der ist nun mal so, Fisch ruhig weiter.
Es stellte sich später heraus, dass in dieser Gruppe mächtige Tricksereien stattfanden, denn Jim Vincent hatte keinen einzigen Pfennig für die Woche bezahlt, sondern er hatte mit dem Ken High eine Vereinbarung getroffen, dass er umsonst hier fischen und leben könnte und er dafür einen Angelartikel mit Werbung für dieses Camp veröffentlichen würde. Auch sagte mir Ismond einige Tage später, dass Vincent hier von uns geführt wird, denn seine andauernde Nörgelei ging schon jedem auf den Dampfer. Dieser Vincent war sogar so gierig, dass, obwohl er in der Woche, die er dort war, genügend Fotos gemacht hatte, trotzdem noch zur Manipulation greifen musste, wenn eine Forelle zum Beispiel von ihm blind gehakt wurde, also nicht im Maul, sondern im Rücken oder in der Bauchflosse, wenn er dann den Fisch gelandet hatte, steckte er ihm die Fliege ins Maul und machte ein Foto, als ob er die Fliege geschluckt hätte. Die Überheblichkeit ließ ihn viele Fehler machen.
Darin musste jeden Abend Benzin filtern. Dann fluchte er und erzählte mir, wie Ismond ein gefährlicher Typ sei, der nur, wenn Gäste da sind, sich bewusst auf Lächeln und Menschenfreude einließ, wenn er aber mit der Familie allein war, er echt ein ‚Bär' war, launisch, die Kinder schlecht behandelte und all das, was ihm physikalisch unterlegen war, tyrannisierte. Das gleiche erzählte mir seine Frau später. Mir fiel dann ein, dass

der Spitzname ‚Bär', den man ihm so spontan gegeben hatte, nun doch was wirkliches enthüllte. Auch ich sollte am Ende der Reise sehen, wie es in ihm wirklich aussah, sein Verkaufsverhalten fiel dann mal von ihm weg, aber ich hatte schon vorher im Camp genug gehört und gesehen.

Also Darins Nervosität war gar nicht so unbegründet, er erzählte mir wieder, wie der Bär ihn angeschnauzt hatte, außerdem hatte er noch keinen Pfennig Lohn erhalten, obwohl er schon über einen Monat arbeitete. Wenn er mich nochmal anschnauzt kündige ich, meinte Darin zu mir. Bloß mit mir, weil er gemerkt hat dass ich mich durch die Sprache nicht einschüchtern ließ, mit mir war er Jim Ismond vorsichtig.

Ich machte morgens das Frühstück für die Angler. Das gefiel mir, weil mir trotz der Hackereien unter den Menschen die ganze Reise gefiel. Phantasien waren nun abgebaut. Man lebte nun wieder im riesigen Jetzt, und schaute. Es stellte sich heraus, dass dieser Angler zu den Puristen gehörte. Nur Fliegenfischen. Keine Fische durften getötet werden. Da warMick Mickelson ein orthopädischer Chirurg. Da war ein Helikopter-Pilot aus Arizona. Da war noch Ken Ewing. Als wir uns begrüßten, meinte er, er sei die Schwester von dem Bösewicht der Ewings. Da war auch noch John Simms, der Eigentümer von Simms Products, die alles für die Fliegenangelei machten. Ken High war Arzt. Jim Vincent Angeljournalist.

Am ersten Morgen, als die Angler zum Frühstück kamen, beschwerte sich Jim Ismond über Darin bei seiner Frau. Er müsste ihn feuern, wenn er so lustlos seine Arbeit mit den Gastanglern weitermache. Die Angler hatten sich schon beschwert, er sei nicht hilfsbereit, nicht kommunikativ genug, und als die Gruppe dann am Tag zurückkam und nichts gefangen hatte, wurde Darin, der Guide, dafür verantwortlich gemacht.

Jims Gruppe hatte bestens gefangen. Er war auch ein visierter Angler. Er wusste, wie man Wasser liest, aus dem erkannt werden konnte, wo die Forellen stehen. Darin dagegen, das war mir sofort aufgefallen, war zwar ein sehr guter Bootsfahrer, aber vom Angeln hatte er fast weniger Ahnung als die Grizzly's.

Aber hier mussten Angler ganz gezielt geführt werden, natürlich ganz, ganz vorsichtig. Weil sonst die Atombombe, Ego genannt, gezündet wird. Darin meckerte über die Angler. Ich hörte mir das alles an und schaute zu. Im Stillen würde ich bald von hier weg sein. Bring im Urwald ein paar Menschen zusammen, und du bist Zeuge des nächsten des nächsten Weltkrieges.

Abends lobten die Angler mich in den höchsten Tönen, weil die Suppe in der Thermosflasche vorzüglich war. Ich hatte von den Gewürzen, die ich auf dem Viktualienmarkt in München frisch gekauft hatte, kräftig abgewürzt. Aber erst nachdem ich Kathy auf Gewürze in Suppen aufmerksam gemacht hatte.

Anstatt das Benzin zu filtern gingen wir vier dann, Ted, Darin, ich und der dreizehnjährige Dennis, mit starker Zahnarztprothese im Mund, damit die Zähne gerade werden, zum Angeln. Der Fluss war nun schon so flach, dass ehemalige Stellen, Pools, nun keine

Lachse mehr hielten. Dafür hatten sich die Bärenspuren und toten Lachse am Ufer und auch die Möwenmenge stark vermehrt. Mir kam's so vor, als ob die Bären uns vom Wald aus beobachteten, wenn wir am Fluss waren. Wir fingen keine Fische.

Im Haus änderte sich nun auch viel.

Jetzt konnten wir nicht mehr das Licht abends ausmachen, wenn wir wollten, sondern ein Limit bis 22 Uhr war gegeben, danach konnte jeder in der Hütte die Spirituslampe anzünden. AC/DC war nun auch vorbei. Mir war das alles gleichgültig, doch den andern nicht.

Am folgenden Morgen sagte mir Jim Ismond wieder, dass Darin gestern doch das Benzin gar nicht gefiltert hatte. Wenn der so weitermacht, muss ich ihn feuern, meinte er. Das hörte sich hier alles sehr persönlich an. Das erzählte ich aber Darin. Mittags kamen die Boote zurück. Jim Ismond sah so wütend aus, wie ein Bär nur wütend aussehen kann. Er hatte wieder Probleme mit dem Motor gehabt. Er ging wieder während der Fahrt aus. Und das in den Stromschnellen! Ein Wort gab die andere Aktion, und in einem grimmigen Wutanfall warf Darin den Benzintank hin und sagte halb wütend, halb weinend ‚I quit'. Innerhalb von Minuten hatte er eine Plastiktüte voller Sachen zusammen und verschwand ohne ein weiteres Wort zurück zum Fischzählwerk, um von dort aus wohl nach Smithers zu kommen. Erst jetzt ging Jim Ismond auf, dass er nun allein die Arbeit machen musste. Er machte ein ziemlich weinerliches Gesicht. Dann trat er auf mich zu und fragte, ob ich einen Job wollte, mit ‚Pay' (Bezahlung). Ich sagte ok. ‚Hast du schon mal ein Jetboot gefahren? fragte er. Ja, ja, vor 10 oder 12 Jahren auf dem Lake Baskaton in Quebec, antworte ich ihm. Okay, du hast den Job sagte Jim Ismond erleichtert. **Also war ich nun Guide mit Bezahlung, anstatt den Babine River mit dem Kanu zu befahren.** Ho Ho Ho, was für eine Entwicklung. Und das mit dem Motor, das war eigentlich ein Propeller Motor, kein Impeller Motor, wie dieser hier, der das Wasser einsaugt und dann wie durch eine Düse ausstößt. Der Vorteil ist der, dass die Schraube horizontal liegt und somit ganz flach im Wasser liegt, was für diese Art von Flüssen natürlich ein großer Vorteil ist. Die Schraube ist durch ein solides Ansauggitter geschützt und kann deswegen schon mal kräftig gegen einen Stein donnern ohne dass sie kaputt geht. Was ja beim Propeller fatal wäre. Kleiner Nachteil ist der, dass die 50PS nicht so direkt übertragen werden, und dass die Steuerung dadurch bei größerer Beladung langsamer wird. Was später sehr gut erfahren werden sollte.

Ismond zeigt mir die Funktionen des Startens, und dass der Motor jeden Tag abgeschmiert werden muss. Dann ließ er mich mit ihm mal vor dem Haus hin und her fahren. Schon beim Anwerfen des Motors merkte man, wie sich das Bewusstsein nun auf Kraft einstellte. Denn die wurde dazu gebraucht. In den nächsten Tagen stellte sich die Kraft auch dementsprechend ein. Denn mein Körper wurde nun tatsächlich mit Kraft aufgepumpt. Die Balance auf dem Wasser brachte einige feinere Geschmeidigkeiten zum Vorschein. Jedenfalls ließ er mich dann allein fahren.

Ich sollte nun durch den Log-Jam-Pool fahren und zurück kommen. Auf dem Weg dorthin drehte ich die Maschine voll auf und zickzackte hin und her, um ein Gefühl für das Boot zu bekommen. Auch plötzliches Ausweichen, Abbremsen wurde gemacht. Gegen den Pool ließ es sich leicht fahren. Doch musste man voll aufdrehen, um hier gegen die Wasserkraft anzukommen, das schaffte der Motor mit nur einem an Bord leicht.

Dann aber zurück, da nahm ich den Fluss zu weit in der Außenkurve, hin zur Fließgeschwindigkeit und auch viel zu schnell. Überrascht, wie schnell das Boot auf die Bäume hingedrückt wurde, gab ich Vollgas und verlor fast die Balance, musste sofort in Knieposition gehen und sauste dann Zentimeter an den ersten Baumstämmen vorbei, als der Motor endlich aus dem Sog kam, und volle Eigenkraft gegen die Flussgeschwindigkeit hatte. Von dann an hatte ich mit dieser Stelle nie mehr Brenzligkeiten. Man braucht bloß langsam genug ganz rechts in die Kurve hineinzufahren, dort, wo das Wasser zum Ufer hin flach wird, und erst dann Gas geben, und schon war man ganz locker durch.

Die Polaroid-Brille, die Polbrille, half sehr viel. Steine, die gefährlich werden konnten, wurden schon früh gesichtet und Sonnenlicht gefiltert. Und sofort blickte man anders auf das Wasser.

Nun sah man sofort, wo sich Strömungen trafen, und da durch fuhr man, weil sich da das meiste Wasser angesammelt hatte. Man achtete auf die kleinsten Wellen, die auf ruhigem Wasser hervorbrachen. Darunter lagen entweder große Steine oder Baumstämme. Aber vor allem achtete man darauf, die Angler sicher zu den Pools zu fahren. Das bedeutete übersichtlich fahren. Eine ganze Ladung instinktiver Sichtweisen kam in mir zum Vorschein. Instinkt ist ja ehemalige Vernunft, die nun im Unterbewussten verankert ist. Es ist ja auch bekannt, dass die Systematisierung dessen, was wir nicht wissen, uns mehr zum Verstand des Selbst und der Welt geben kann, als die Systematisierung dessen, was wir nach Meinung der exakten Wissenschaften wissen. Und das ist eben der Schatz, der in der Vergangenheit in uns angesammelt wurde.

Mir war, als ob ich schon immer ein Guide gewesen wäre. All das, was der Angler brauchte, plus das, was man durch vorheriges Befischen des Flusses wusste, kam denen nur zugute.

Die amerikanischen Angler staunten. Hier kommt einer aus München, der spricht ein umfangreiches Nordamerikanisch und zeigt uns nun, wo wir angeln sollen. Das gefiel denen, das machte ihre Reise nun bunter. Das internationale Flair kam durch.

Aber ansonsten wussten diese Angler selbst, wo es lang ging.

Sie brauchten jemand, der ihnen sagen konnte, ob ein Fisch hinter der Fliege her war. Oder man brachte ihnen die Thermosflasche. Manchmal trug man auch ihre zweite Angel hinterher. Wenn sie etwa von schnellsinkenden Schnüren auf Schwimmschnur umwechseln wollten.

Der Fluss trug nun mehr Fische, die inzwischen aus dem Pazifik in ihren Geburtsfluss angekommen waren. Alle waren gut gelaunt. Und seitdem ich Guide war, war auch kein

Regen mehr gefallen. Dafür fielen nun die Blätter. Tagsüber, wenn die Angler angelten, konnte man ihr Rasseln gut hören, wenn die Blätter durch das Geäst segelten. Morgens war es nun schon so kalt, dass die Boote dick mit Raureif bedeckt waren. Auch dünnes Eis war schon an den ruhigeren Wasserstellen.

Mick Mickelson war immer in guter Stimmung, andauernd zu Scherzen bereit, auch wenn sie auf Kosten anderer waren. Einmal spätnachmittags, als wir kurz vor dem Wildwasser des Lobo-Poolendes waren, rief er mir zu, ‚Wolf, lass uns etwas Stimmung machen, du fährst jetzt mit Volldampf durch die Stromschnellen und singst dabei die deutsche Nationalhymne.

Alle an Bord lachten. Ich verneinte. Nicht nur deswegen, weil ich die Texte sowieso nicht kann, Aber als wir dann durch das Wildwasser fuhren, ging auf einmal der Motor aus und wir trieben führungslos auf den Wellen herum. Nun hatte Mickelson seinen Spaß, bloß sahen die Insassenauf einmal nicht mehr so rosig im Gesicht aus. Ich hatte vergessen, den Choke abzustellen, und die zu reichhaltige Mischung vertrug der Motor nicht. Der leichte Schreck wurde wieder abgefangen, als ich dann den Motor wieder im Getöse angeschmissen hatte. Ansonsten hatte ich anfangs oft die Frau Kitty Pearson-Vincent in meiner Gruppe, die nur zum Fotografieren dabei war, und sie wollte viele Geschichten hören, den ganzen Tag lang reden, reden, vorstellen, Man fand heraus, dass sie sich Sorgen um ihr Alter machte, typisch Frau, dass das Leben als Fotografin und Schriftstellerin nicht so viel Gold einbrachte, so dachte man mit dieser Frau, um ihre Angst zu zerstreuen. Ihr gefiel dann mein angeblich positiver Blick. Doch ihr Mann sah es nicht so gerne, zumal er anfangs noch etwas blockiert war durch seinen Angelneid. To bad für ihn. Man stand dann Frühmorgens am Feuer, das nötig war, und erzählte aus seinem Leben, und das war sehr bunt.

Manchmal, wenn kein Fisch biss, die Fische bleiben ja auch nicht immer im gleichen Pool, das sind ja auch Wanderer, fuhr man die Angler dorthin, wo man zuvor selber schon genügend geangelt hatte, das waren die unscheinbaren Plätze, keine spektakulären Schauplätze, sondern eher einfache Wasserläufe die konstant übergangen wurden, weil eigentlich immer nur der größte Pool und die nach den meisten Fischen aussehende Stelle befischt wurde.

Dann sagte man zu dem, der nun unbedingt einen Fisch fangen musste, die kommen ja mit Vorstellungen hier her, dass es immer nur bergauf geht wie anstrengend, deshalb hat man ja 1350 Dollar bezahlt, dort drüben, am anderen Ufer, dort ist eine tiefe Rinne ausgewaschen, drei bis vier Meter tief, aber nicht breit, dort stehen zwei gute Steelheads. Und wenn dann nach drei Würfen der Fisch biss und mit mächtiger Kraft aus dem Wasser sprang, tausend Wassertropfen im Sonnenlicht glänzten, und die Rolle des Anglers nach Öl schriiikte, und das Wahooo des Anglers zu hören war, dann war das Gesprächsthema und viel Lob für mich. Ja, und deswegen ist man doch hier. Das war Reisen. Mitten drin dabei sein. Kein Weglaufen, außer vor den Bären.

Abends wurde viel vom Schutz der Natur gesprochen, und diese Gruppe hörte sich besonders glaubhaft an, da sie ja sämtliche gefangenen Fische wieder freiließen.
Das Wasser in dieser Gegend war so sauber, dass man es einfach direkt trinken konnte. Bloß nicht nun, während des großen Lachssterbens, da waren zu viele Leichen anwesend. Aber die Bäche waren unverlaicht. In dieser Anglergruppe feuerte man sich gegenseitig an. Komplimentierte sich und war großzügig mit lebensfördernden Gedanken .
Nun, ich wollte aber nicht bis zum Ende meiner Zeit hier Guide sein. Obwohl mich Jim Ismond sofort bis Ende Oktober haben wollte. Ich sollte sogar im nächsten Jahr von Mai ab wiederkommen. Er lud mich noch, nachdem die Angler alle weg waren, zum Elch- und Bärenjagen ein. Am letzten Tag der ersten Gruppe, an dem sie noch bis Mittags angeln, würde Jim Ismond, nachdem er sie dann nach Smithers gebracht hat, dort über Nacht bleiben und versuchen, einen neuen Guide zu finden. Wenn das nicht klappt, dann bleibe ich noch bis zum Ende der kommenden Woche.
An diesem letzten Tag fuhr der Bär dann mittags mit seinem Boot voller Angelgepäck, ohne viel zu sagen, zurück zur Fischzählstelle. Weg war er, ohne mir vorher irgendetwas zu sagen. Ich würde schon allein klarkommen, dachte er sich wohl. Und ich hatte das gefährliche flache Stück oben noch nie befahren. Und der Fluss war noch flacher.
Er war schon längst außer Sichtweite, ehe ich mit den restlichen fünf Anglern auch losdampfte. An der Stelle, wo das Wasser mit voller Kraft ein besonders starkes Gefälle herunter donnert, zuckelte das Boot dann mühsam gegen an. Und man steuerte da nur mit der rechten Hand und mit der linken Hand machte man Bewegungen, als ob man eine unsichtbare Kurbel dreht, die das Boot gegen die Strömung anzieht. Ganz langsam kamen wir an den Stellen vorwärts. Bloß nicht den Mut verlieren, so schauten die Angler aus, aber selbst war man voll solcher Power und so glücklich, dass einem auch nicht solch eine entgegendonnernde Wassermasse aus der Ruhe bringt. Ja, man feuerte sich eigentlich an diesem Getöse an. Zu unserer Überraschung schaffte ich auch das ganz flache Stück mit nur einigen Kratzern. Aber dort, wo der Nichyeskwa Creek in den Babine floss, hörte der Motor auf einmal auf, zu laufen, und wir wurden auf einen kleinen Wasserfall zugetrieben. Ken High warf sofort den Anker. Die Gruppe wurde etwas nervös. Der Anker fasste sofort, und das Boot lag fest. Ich wusste schon, was es war. Der Motor wurde hochgehoben und das Schutzgitter war voller Wasserpflanzen.
Nach dem reinigen sprang ich ins Wasser, das hier ungefähr zwischen Knie- und Brusthöhe sein konnte und schob dann das Boot in eine bessere Fahrrinne. Jim Vincent startete den Motor, ich sprang ins Boot, und weiter ging's die letzten 300 Meter.
Die Verabschiedung ging dann sehr dynamisch-schnell vonstatten. Einige der Abgeldoktoren hinterließen ihre Visitenkarten, und dann war ich auch schon wieder allein mit dem Boot auf dem Weg zurück ins Camp •
Dafür nahm ich mir sehr viel Zeit. Die Zeit steckte ich dann in die ungebrauchten Gehirnzellen, damit sie dort das Zeitlose aufwecken. Mein klarer Blick sah nun die scharfen

Blicke der Weißkopfadler, die mich herrisch und majestätisch begutachteten. Doch wenn ich mal laut pfiff, dann sträubten sich die weißen Federn, und ihr Blick wurde glasig. Schließlich haben wir Menschen ganz andere Fähigkeiten, wie z.B. sich auf dem Babine River treiben zu lassen und alte Rock-Klassiker zu singen. Den Wind genießen und auf der Energie des Lebens tanzen. Zu schade, dass man dann keine Flügel hatte außer den Flügeln der Phantasie ... Die Luft ist voller Sauerstoff, Prana und Liebe. Yogis und andere Atemkünstler würden hier so ganz zu Hause sein. Jetzt hatte man Zeit für sich, obwohl das Guiding eigentlich, da es synchron mit Arbeit und Vorstellung verlief, auch zeitlich, Zeit für sich, aber das war jetzt Angeln.

Denn hier ist noch die Supernatürlichkeit voll im Schwung und die kann einen ganz schön in Schwung bringen. Allein schon an die Grizzly's denkend. Am gleichen Tag noch fing ich mehrere bis zu zwanzig Pfund schwere Regenbogenforellen. . Auch einige 13- bis 15 pfündige Coho-Lachse waren dabei. Alles wurde wieder schwimmen gelassen. Alles klappte hier. Ich hatte nach dem Guidingtag selbst wieder Fang- und Angelharmonien, und morgen würden die nächsten Angler kommen.

Die Tage wurden immer phantastischer. Das Licht brillianter, klarer. Die wenigen Laubbäume bunter und der Fluss noch enger, und mehr und mehr Lachsleichen lagen herum. Die Hütte, in der wir schliefen, heizte ich jetzt schon nachmittags ein, damit man abends nicht seine abgefrorenen Zehen einzusammeln braucht. Die Blicke hinaus aus der Hütte versanken immer noch im saftigen Grün.

Ich nahm mir die Zeit, nachzurechnen, was so ein Camp finanziell bringen würde .. Achtzehn Angler könnten hier versorgt werden. Sieben Tage a 150 Dollar macht 1050 Dollar. Multipliziert mit 18 ist das 18900 Dollar. Das sind in acht Wochen 151 200 Dollar. Gar nicht so schlecht, eigentlich super. Bei 50 Prozent Unkosten bleiben immer noch 75. 000 Dollar. Dann rechnete ich mal aus, was man mit einem Lachs alles machen konnte. Wenn man z.B. einen Durchschnittslachs von 15 Pfund ausgenommen, dann geräuchert und in 100 Gramm- Portionen verkaufen würde. In Münchens Gala-Läden werden 100 Gramm Räucherlachs zu ca. Zwanzig Mark angeboten. Davon sind ungefähr drei Pfund Abfall, also bleiben zwölf Pfund Verkaufsgewicht. Das würde dann immer noch 1200 Mark bringen, mit nur einem Lachs. Mensch, ein Lachs für 1200 DM.

Am Samstag fuhr ich dann voll Power den Fluss hoch, die Sonne grinste. Die Angler von gestern hatten doch tatsächlich 89 Dollar Trinkgeld für mich bei Kathy gelassen. Alles schön verpackt. Auch Kathy hatte über 89 Dollar bekommen. Die Kinder hatten jeder 35 Dollar bekommen. Und Jim Ismond bekam von John Simms ein maßgeschneidertes Paar Neopren- Anglerhosen im Wert von ca. 500 Mark. Mir hatte John Simms noch gesagt, dass ich alle seine Artikel um 50% billiger bekomme. Ich solle mich bloß an ihn wenden. Und das alles, weil man vor 12 Jahren das Buch von Joe Brooks gelesen hatte, in dem er auch den Babine River beschreibt. Was sich daraus alles entwickelt hat! Phantasie ist wohl immer der Samen der Dinge.

Am Fischzählwerk angekommen, hatte man noch genug Zeit, um mit dem Biologen zu reden. Die hatten jetzt schon von mir gehört, und es gefiel ihm, wie man ihm ein Loch in sein Wissensgebiet fragte. So erfuhr man, dass dieses Jahr besonders fischreich war. Dass die künstliche Barriere Ende September entfernt wird und die Zählarbeit beendet ist.

Dann war auch schon die nächste Gruppe angekommen. Man merkte sofort, aha, hier kommt ganz was anderes, die Schwingungen waren solider, denn diese Gruppe schwang schon ihre Bierdosen, einige hatten Whisky-Flaschen in Packpapiertüten gehüllt und tranken keinen schlechten D-Zug. Da schoss einem aber auch mehr Aggressivität entgegen. Ihre Blicke waren abschätzender, provozierender, aber natürlich war jeder erst mal freundlich. Aber einer stand etwas mickrig dazwischen. Was ist denn das für einer. Der war nüchtern. Die anderen angesoffen. Die große Freiheit. Weg von der Mammi. Der Ehefrau. Und hinein in die große Freiheit! Ins High Life. Doch das war alles Schwachsinn und inneres Chaos denn die Natur ist kein Austoben von Aggressionen und Unzufriedenheiten und Frust.

Nach kurzem Hin und Her hatte ich sechs Männer im Boot. Jim fuhr vor. Er hatte wieder das Gepäck und einen Angler. Zuvor wollte er, dass ich zwei Fahrten mache. Es war klar, dass mein Boot überladen war. Und er kannte nur den Kanal, um jetzt zurückzukommen. Denn der Fluss ist nun beim hinunterfahren völlig anders zu befahren; wegen anderer Sichtweisen, wegen anderen Druckverhältnissen, Geschwindigkeiten, wegen dem Übergewicht. Sofort stellte sich dann auch nach den ersten 500 bis 600 Metern das Übergewicht und die daraus entstehende schwache Schubkraft heraus, insbesondere nun, wo fast nur Flachwasser vorhanden war, und man kein Vollgas geben konnte, jedenfalls nicht, wie man es eigentlich möchte.

Nämlich, als ich besonders vorsichtig ein Gefälle hinunterfahren, mehr gleiten musste, und ich dann wieder Gas gab, um zu steuern, reagierte das Boot erst garnicht, und schon war es zu spät. Das Boot war in der Gewalt, Kraft, der Flussfließgeschwindigkeit, die Kontrolle war verloren, und Gas geben war auch wieder zu spät, wegen der Steine und so weiter. Wir trieben auf das Ufer zu. Aber bevor wir dort aufprallten, drehte sich das Boot einmal im Kreis. Ich rief dann nur sehr laut: ‚That's the way it goes around here', gab dann aber Gas, einfach ins Blinde hinein und siehe da, dass Boot schoss nun, weil es tieferes Wasser unter sich hatte, endlich wieder vom Ufer weg. Wir waren auf das Ufer geprallt, hatten aber dort auch sofort eine tiefere Rinne getroffen, in der der Motor wieder zur Geltung kam. Ganz klar, das Boot war zu überladen. Die Angler wussten es nun auch.

Ich verlor noch einmal die Kontrolle, und noch mal trudelten wir um unsere Achse. Und auch der bekannte Kanal, den wir immer fuhren, war zu flach. Ich stieg oft aus, hob und rüttelte das Boot frei, die Angler mussten dann im Boot ihr Gewicht verlagern. Während dieser Fahrt bot man mir andauernd Whisky oder Cognac an, und die ‚Boys' grölten vor

Vergnügen.

Im Camp hatten Kathy und die Kinder schon die Hütten eingeheizt. Es duftete nach Pute und frischgebackenem Kuchen, endlich, Mensch.

Jim Rivers, ein Hüne von Mensch, und Gerichtsmediziner aus Missoula, Montana kam zu mir, legte seine Pranke auf meine Schulter und sagte:' Hey, Wolf, das war die phantastischste Bootsfahrt, die ich jemals mitgemacht hatte.' - ‚Thank you.' Dann bot er mir wieder Whiskey an. Ich verneinte, denn ich trank zu 89 Prozent kein Feuerwasser mehr. Jim Ismond brachte dann diesen komisch aussehenden alten Mann zu mir, er sollte der neue Guide sein, ich sollte ihn bis Mittwoch anlernen. Er kann Wasserlesen, versicherte er mir, sagte Jim Ismond.

Alle Angler waren aus Missoula, Montana. Dort wohnten auch die Besitzer. Da waren Verne Horten, Arzt, und der andere Besitzer. Beide Besitzer kamen aber wegen unterschiedlicher Charakterentwicklungen nicht zusammen zum Fischen an den Babine River, sagte man mir. Horten war ein Vollblut-Alkoholonkel. So auch sein Freund, den er mit verliebten Blicken anschaute, ihn andauernd vor der Gruppe lobte und anfeuerte. Er hieß Donald Harell, Orthopaedic Surgery(Orthopädischer Chirurg) war sein Fach, einer der besten, meinte Verne Horten. Da war noch der ältere Bruder von Verne, und Bill Foust, ein Polizeileutnant. Apropos Polizei, der ‚Bär' nannte mich seit einigen Tagen „Colonel", das war seine Art Spitznamen zu geben. Da war auch noch Karl Böhm, ein Rechtsanwalt.

Neben den Anglern waren auch riesige Mengen Alkohol anwesend geworden. Trotz der Trinkerei fing diese Gruppe doppelt so viel wir die vorherige. Es waren fast nur Spinnfischer, also keine Spinner, sondern Experten, die mit Blinker angelten.

Es gab Szenen, wo Donald Harell, die Nase vom Alkohol schon rot, bis zu den Hüften im Wasser stand, eine Dose Bier in der Linken und einen 18 Pfünder an der Rechten hatte, und als er sich dann eine neue Dose Bier reichen ließ, der Fisch nochmal sprang und mit dem Schwanz wedelte, auf Wiedersehen wedelte, und er damit sich vom Haken befreit hatte, und Harell nur noch das Bier bekämpfte.

Alle hatten nur Zwei-Liter-Flaschen Wodka oder andere Sachen mitgenommen, die typische Halb-Galonen Flasche mit Handgriff, und nach dem Abendessen, das sehr lautstark zu sich genommen wurde, und bei dem sich jeder produzierte, gingen die Angler erst einmal pokern, weshalb dann morgens -ziemlich regelmäßig Schnapsleichen angetorkelt kamen.

Und dann der,der Alte, der neuer Guide werden sollte und der gar nicht so alt war, sondern erst vierundvierzig, aber wie sechsundsechzig schien, war ein ehemaliger Lehrer, der vom Alkohol verbrannt war. Hände zittrig, und der hatte sich für drei Wochen Tausend Zigaretten mitgebracht. Dieser Bob McIntire war sogar einmal der Lehrer von Dennis. Mit dem stimmt doch was nicht, aber er erkannte aber jeden kanadischen Vogel und hatte Dennis früher mal Physik auf der High-School beigebracht. Der war im Boot so unsicher auf den Beinen, der konnte bestimmt kein Wasser lesen. Es stellte sich heraus, dass er früher mal mit dem Kanu auf Seen gefahren war. Und genau so konfus wie sein Wasserlesen waren seine Fragen und Erklärungen. Er hatte nicht die Fähigkeit im Zusammenhang mit Objekten die richtigen Definitionen, Begriffe zu finden, die innere Gedankenwelt in der richtigen Form mit der materiellen Realität zu koordinieren. Man konnte sehen, dass er Physik nur theoretisch kannte, sich selbst aber vernachlässigt hatte.

Seine Gedanken waren von der väterlichen Art, die in sich abgeschlossen sind und sich auf das bisschen Wissen verlassen, obwohl es ja immer weiter geht. Er war mit vierundvierzig schon steif. Man hatte sofort Mitleid, Mitgefühl mit ihm. Aber nicht, dass ich deswegen blind wurde, denn ich sollte Jim Ismond ein Ok. oder ein No geben. Bob war aber sonst ein feiner Vierundvierziger.

Die Grizzly's wurden nun auch aggressiver. Während einer Nacht konnte man gut hören, wie sie im Camp herumstöberten. An einem anderen Morgen, der noch sehr dunkel war, ca. 3 Uhr, saß ich auf einmal senkrecht im Schlafsack, und ich fühlte, wie sich die Haare im Nacken sträubten. Hier war Gefahr von ganz ungewöhnlicher Art. Ich ergriff sofort das Gewehr und saß wie angefroren, was natürlich nicht sein sollte, aber dadurch, stellten sich die Augen schneller auf die Dunkelheit ein.

Da war er auch, auf der Veranda und grunzte vor sich hin, das waren nur 3 bis 4 Meter Entfernung. Das ist hier nicht im Zoo. Das ist nicht ein Buch über Grizzly- Verhalten, während man einen Schluck Montrachet süppt. Ich löste sachte den Reißverschluss und fühlte, ob ich genügend Eddy' s Streichhölzer hatte, die überall zünden, außer im Wasser.

Der Bär trottete auf der Veranda entlang, und die Tür hier, da brauchte er sich noch nicht einmal richtig anzulehnen und schon wäre sie offen. Ich war fertig, auf den Querbalken des Hauses zu klettern. Alle anderen schliefen fest. Von oben würde ich ihn schon empfangen. Hatte auch schon extra Patronen in der Hand. Es gab 1 Pfund Rosinen auf dem Tisch, an denen wir ab und zu knabberten, ansonsten wären eigentlich nur wir hier zum Anknabbern. Doch der Bär schnüffelte nur herum und zuckelte in Richtung Camp am Fluss. Ich war noch lange wach, nämlich solange, bis es hell wurde. Bill hatte ihn dann unten im Camp gesehen. Er meinte, wir müssten jetzt unsere Gewehre mit ins Boot nehmen. Es wird nun die letzte Fressorgie von ihnen hier am Fluss geben, bevor der Winter kommt und sie sich zurückziehen, und da sind sie besonders empfindlich, wenn zu viel Menschengeruch anwesend ist. Wenn die uns erst einmal ausgeschnüffelt haben, werden die immer näher kommen, und hier ist zu viel Gestrüpp, die überraschen uns auf einmal, sagte Jim Ismond.

Es gab jetzt fast jeden Tag ein- bis zweimal Bärenkontakt, aber immer so, dass es im Dämmerlicht war. Aber zweimal war es anders. Wenn ich die Angler zu ihren Angelstellen gebracht hatte, saßen Bob McIntire und ich gemütlich im Sonnenlicht gegen die

Böschung gelehnt. Einmal sprang ich auf und stand - flutsch - am Boot. Das Knacken war sehr nahe. Aber im Gebüsch, da muss er fast vor dir stehen, bevor du ihn siehst. Bill hatte nichts gehört und saß noch auf dem gleichen Platz. Einige Minuten später lag auch ich wieder am gleichen Platz und sonnte mich. Aber - knack! Diesmal sprang aber auch der junge Alte auf. So saßen wir auf dem Bootsrand und schauten mit der Sonne in den Busch, aber bloß Knacken und das fallen von Blättern war zu hören.

Dann kam Jim Ismond mit seiner Gruppe vorbeigefahren und schrie: ‚Seht ihr den Riesenbären dort?" und „What a mother!' Da saß der Bär etwa 15 Meter von uns entfernt und sonnte sich auch. Bloß wir konnten ihn von unserer Stelle nicht sehen. Ganz natürlich, so wie Natur, sprangen wir lässig ins Boot, Gelenke knackten, und sahen zu, Distanz zwischen uns und dem Platz zu bringen.

Die Angelgruppe fischte von morgens bis abends immer im Wasser stehend. Das kostete Kraft. Abends torkelten sie manchmal vor Erschöpfung ins Camp. Aber dort wurde sofort weiter getrunken.

Bob und ich sahen nun auch zu, dass er sich mit dem Fluss besser vertraut machte. Dazu gehörte auch, überhängende Bäume abzuhacken. Denn nun war der Fluss so niedrig, dass wir einige entfernen mussten.

Ansonsten war der Fort-Schritt von Bob im wahrsten Sinne des Wortes ein Fort-Schreiten. Und am Dienstag, als er dann das Kommando hatte, und ich als Angler mitfuhr, mit offenen Augen, konnte ich ihm nicht das Urwald-Diplom geben. Da war zu viel Verantwortung im Spiel. Und manchmal wird ja wissend rauer gespielt als an anderen Tagen, wo es mild und küssend zugeht.

Dieser Bob hatte die immense Fähigkeit, fast immer auf die Stelle loszusteuern, die einen Felsbrocken enthielt. Und am Ende des Tages, jeder sah die Brocken, fuhr er mit voller Power auf den Brocken zu. Ich schaute ihn noch an, denkend, den hast du auch gesehen, aber erst als er mit voller Kraft immer noch auf den Felsen zufuhr, da fluchte ich das einzige mal seit Jahren: „Jesus Christ!" Bob, drive to the right, fast ... , aber auch im Hören war er nicht so klar, und ich riss ihm den Steuerhebel aus der Hand, doch wir streiften den Stein noch. Aber auch das hatte er nicht gefühlt. Das war die gefährlichste Situation, trotz Grizzly's, auf der ganzen Reise gewesen. Unter der Reise sah es ganz anders aus, auch neben, aber auf der Reise war dies gefährlich. Hätten wir den Stein mit Vollkraft getroffen •.. Adios, Addio, Adieu, Goodbye ...

Jetzt wurde es auch schon früher dunkel. Die Zeit zum Angeln war dementsprechend. Als Jim mich fragte, wie Bob war, gab ich ihm ein „Nein" und erzählte ihm die beobachteten Tatsachen. Danach sah Jim Ismond so aus, als ob er bald weinen würde . Er wusste auch, dass er es nicht verantworten konnte, seine Guide-Lizenz zu verlieren. Menschen konnten früher in das Unsichtbare geraten, mit so einem Zitterguide wie Bob.

Da bleibt nur eines, sagte ich zu ihm, „geh und hole Darin zurück." Er ist ein exzellenter Bootsführer. ‚Ja, Jim, das musst du tun', rief seine Frau, ‚Geh und entschuldige dich bei ihm.' - ‚Das tue ich nicht, nörgelte Jim zurück, etwas gereizt.

Ich ging zurück in unsere Hütte, in der Bob beim Zigaretten rollen war. Während unseres Gesprächs ließ ich ihn sich selbst beurteilen. Und er gab zu, dass er für diesen phantastischen Job nicht geeignet war. Auch, dass er nicht gut sehen konnte und sehr nervös ist ..... Na, also.

Am folgenden Morgen fuhren Jim und Bob wieder zurück nach Smithers. Ich war mit den saufenden Heldenanglern wieder allein.

Den ganzen Tag über war ich sehr beschäftigt, aber die Kraft wächst in so einer gesunden Natur schneller, als sie verbraucht wird, wenn man gut verpflegt ist. Zur Not hätte Jim Ismond auch allein die letzten Angler bedienen können, stellte ich fest.

Abends war dann ein enormes Getöse im Haus . Eine Flasche Chateneuf nach der anderen wurde geöffnet, und dieses mal trank ich einige Schluck mit, weil mir die Arbeiterei auf dieser Abenteuerreise sehr gut gefiel. **Die sich ja ganz anders entwickelt hatte wie ich es zuvor in München geplant hatte, mit dem Kanu den Babine River runter in den Skeenan River. Ho Ho Ho.**

Kathy hatte einen Zwanzig Kilo Schinken gebacken. Das Gegröle und Geschrei nahm kein Ende, und die Angler hatten alle gegen Windstärke 11 auf hoher See während eines Erdbebens beim gehen zu kämpfen. Nach dem Essen torkelten sie dann in ihre Häuser um zu Pokern. Sie hatten sogar professionelle Pokerdecken dabei. Einer, Karl Boehm, würde morgen früh besonders leidend aussehen, denn er hatte die größte Steelhead Forelle des Tages und der Reise gefangen,23 Pfund, die er einfrieren ließ, um sie später an der Wand zu haben. Unter Jägern und Anglern besteht der Brauch, das Tier noch extra totzutrinken. Dieser Karl gehörte zu den ruhigsten Anglern der beiden Gruppen. Mickelson gehörte auch dazu. Ansonsten hatte ich noch nie angelnde Menschen gesehen, die so viel fluchten und schimpften und Aggressionen gegen den Fisch losließen. Das war echt zum Staunen, und man wunderte sich, wer hier nun die Vernunft hat. Denn schließlich wurde der Fisch von ihnen gefangen. Dann aber auch noch auf ihn schimpfen! Da fing doch nun alles an, verdreht zu werden. Es sah so aus, als ob sie, die Gebildeten, die metaphorisch formuliert „zur Oberschicht der USA" gehörten, nun das Töten dadurch verdrängen wollten. Die bildeten sich ein, der Fisch gegen den sie gekämpft hatten, war ihr Gegner und sie die Helden, was ja niemals der Fall war. Und aus dieser Kampfflucherei steigerten sie, einige jedenfalls, sich so hinein, dass sogar die ganze Umgebung beflucht wurde. Bill Faust der Police Lieutenat war ein Genie in dieser Richtung. Er war auch Vollblut Jäger, seine Wohnung war voller Trophäen. Er fing auch die meisten Fische, hatte Ausdauer und wusste, wo die Fische standen. Bill, der Polizist. Er erzählte mir auch, dass er wöchentlich Schießübungen macht, und dass man mit Slugs, (Vollmantelgeschosse) wie ich sie im Gewehr habe, tief zielen muss, da die Kugel nach oben zieht. Er hatte die wildesten Gangster- und Mördergeschichten zu erzählen. Aber aus den USA kommen ja auch die bestialischsten Filme sei es Horror oder Mörder. Glücklicherweise ist die Welt sehr groß.

Donald Harell war ein ausgezeichneter Bogenjäger. Er jagte Elche mit Flitzebogen und Pfeil. Als Kind hat man ja auch damit gespielt, sich den Bogen aus Haselnussästen gemacht, aber die dort in Montana haben ja auch den nötigen Spielraum dafür. Wenn es stimmt, soll Montana 1,5-mal so groß wie die Bundesrepublik sein und nur 780.000 Einwohner haben. Montana, da kommen Tom Mix, riesige Stetsons und lange 45er Revolver hoch.

Am folgenden Tag sah Karl Boehm sehr grau aus. Er blieb im Camp. Inzwischen hatte der Karl vom Manson Camp vor, die mit Jim Ismond getroffenen Vereinbarungen zu brechen. Als Jim weggefahren war, hatte Karl Manson beschlossen, sich nicht mehr an die wechselseitige Befischung der Pools zu halten. Und als ich dann gestern Mittag die Angler zum Babine Special Pool brachte, war er mit seiner Gruppe dort, obwohl ab Mittag der Pool für uns reserviert war, laut Abmachung. Er hatte mich schon mal angemotzt, weil ich mal zehn Minuten später einen Pool verließ als abgemacht. Aber die aggressive Wirkung verpuffte, weil ich fast immer ruhig bin, und er sozusagen in die Leere laberte. Mensch, stellt sich der kleinlich an. Hier konnte wieder bestens gesehen werden, dass in den Köpfen der Menschen sämtlicher Abfall und sämtliche Krankheiten produziert werden. Irgendwie konnte dieses Bürschchen nicht entspannt genug sehen. Und das in so einer Umgebung, die der wohl ausschließlich auf's Profitable, also Money, betrachtete. Kein Wunder, dass der dann engstirnig wird, denn Geld hatten nur die Kunden. Interessant war auch, dass er gerade, als Jim Ismond nicht anwesend war, angefangen hatte, die Abmachung zu brechen.

Natürlich hieß das jetzt, wer zuerst ankommt, kriegt die besten Angelplätze, und viel unnötige Fahrerei würde als erstes dabei entstehen. Tatsächlich fuhr er auch an diesem Morgen schon um 7 Uhr am Camp vorbei. Es war noch duster. Die aggressiven Angler, noch beim Frühstück, waren bereit, Muskeln anzulegen. Doch Verne Horten meinte, dass man die Sache ruhig angehen soll, lass sie doch machen, erst mal abwarten, bis Jim kommt. Die Angler hatten heute Morgen sowieso keine Lust zum Angeln. Ihre Bleiköpfe brauchten etwas anderes: Eisbeutel. Eine andere interessante Beobachtung war auch, dass Jim Rivers, der Leichenarzt, am zweiten Tag eine 15 Pfund Forelle gefangen hatte und diesen ersten Fisch auch sofort behielt, um ihn später präparieren zu lassen. Und das, obwohl der Fluss voller Fische war. Er fing tatsächlich in der ganzen Woche nur noch einen anderen Fisch, der kleiner war. Diese Gruppe hatte aber über hundert Riesenforellen gefangen. Ganze drei davon wurden getötet.

Jim Rivers hatte dafür die beste Erholungsphase eingelegt bei diesem phantastischen Wetter. Denn nun fielen die Blätter in Massen, der Wind fegte sie über die Sandstrände, und das Blätterrasseln war vermischt mit den Rufen der Adler und Kolkraben. Ganz klar war die Atmosphäre. Und nachmittags, wenn die Sonne im 360 Grad Winkel zu sehen war, war ein verzauberndes magisches Licht anwesend. Wer dafür die Wahrnehmung

hatte, erkannte die tiefe Schönheit, in die man eingebettet war, aber man merkte auch, dass sehr bald die andere Schönheit, die ersten Schneestürme, sich zeigen würde.
Darin war also mit Jim zurückgekommen. Es wurde entschieden, mit Manson nicht mitzuspielen, sondern er sollte sich selbst müde laufen. Denn wir wussten, dass der Fluss voller Fische war. In diesen letzten zwei Tagen ließ ich mir viel Zeit nochmal die Umgebung zu genießen. Und wie ich mir vorgenommen hatte, fing ich auch zwei Lachse, die ich mit nach München nehmen wollte, aber ansonsten auch keinen einzigen Fisch mehr, obwohl ich noch für den Abschluss eine Riesenforelle fangen wollte.
„You can't always get what you want, but if you try sometimes you get what you need", kommt da von den Stones hoch. Jim hatte mit Darin wieder den gleichen Ärger wie vorher. Er wollte einfach nicht das Benzin filtern. Ich brauchte es aber auch nicht zu tun. Die Kinder, die 75 Dollar von ihren Eltern für ihre Arbeit bekamen und sehr viel dafür arbeiteten, sie filterten das Benzin, als ich Guide war.
Jim war wieder wütend, doch Darin gab Ted einen Dollar fürs Filtern. Wie es ausgegangen ist, weiß ich nicht mehr. Ach ja, die zweite Bärensituation, die noch passierte, war, als Bill Foust, kurz nachdem ich ihn am Burlap Fool abgesetzt hatte, Verne Horten auch, einen etwa zweijährigen Grizzly hinter sich im Gebüsch sah, der ihm beim Angeln zuschaute. Bill nahm daraufhin einen Stein und warf ihn in Richtung Bär. Doch der blieb stehen. Da rief Horten, „nicht Bill, schmeiß nicht nochmal, du machst ihn sonst wütend, auch wenn er nur ein junger ist." Der Bär wog ca. 400 Pfund. Er trottelte dann zurück in den Urwald. Und in der letzten Nacht ballerten, kurz nach dem Einschlafen, zwei Schüsse. Sofort hatte ich wieder das Gewehr in der Hand und dachte wieder an das Dachgebälk. Unten am Fluss war das Licht einer Taschenlampe zu sehen. Ein Bär hatte mit den Camputensilien herum geklappert, und Jim Ismond dachte sich, was macht denn meine Frau da draußen, die wollte doch nur zum Outhouse. Als er aus dem Haus trat, sah er dann den Bär auf sich zu trotten. Er rief ihn an, der Bär machte Männchen um zu sehen, was da los ist. Da feuerte Ismond die beiden Warnschüsse. ‚Wenn der noch mal kommt, dann erschieß ich ihn,' meinte Jim am Morgen. Wieder schlief ich erst spät ein.
Am folgenden Morgen fuhr Darin mich und das gesamte Gepäck der Angler zurück zur Fischzählstelle. Es war neblig und nieselte. Die Sonne sah man nur als hellen Punkt im Grauen eingebettet. Darin war ein ausgezeichneter Fährmann.
Als später Jim mit den anderen angekommen war, fuhren wir sie in separaten Autos zurück nach Smithers in ihre Hotels. Er ging zur Bank, holte die Dollars für mich und wir sagten goodbye, bis zum nächsten Mal. Für das Gewehr bekam ich noch 80 Dollar zurück. Laure Lea Klein war nicht da, sie war zwei Monate ‚on the Road'. Ich hatte noch eineinhalb Tage in Smithers und nahm erst mal ein stundenlanges Bad und träumte vor mich hin •• Man hatte das Camp gerade verlassen, als die Kanada Jays zahm wurden, sie fingen an, aus der Hand zu fressen. Ja, und wenn sie nicht gestorben sind ..•

Wolf Schorat   Schleißheimerstraße 188 Apt. 605   8 München 40

Der „Bär" Jim Ismond

Die ersten Gäste sind da September 1984

Auf Steelhead und Lachse am Babine River Gäste September 1984

FliegenFischerGlücksMomente am Babine River 1984

Jim Vincent und John Simms mit großen SteelheadForellen

John Simms mit seiner 23 Pfund SteelheadForelle

John Simms mit großen Steelies September 1984

Fangen und zurücksetzen von großen SteelheadForellen John Simms

John Simms lässt die 23 Pfünder SteeleheadForelle frei. Sept.1984

Erfolgreiche LachsEierKunstFliegenImitationen

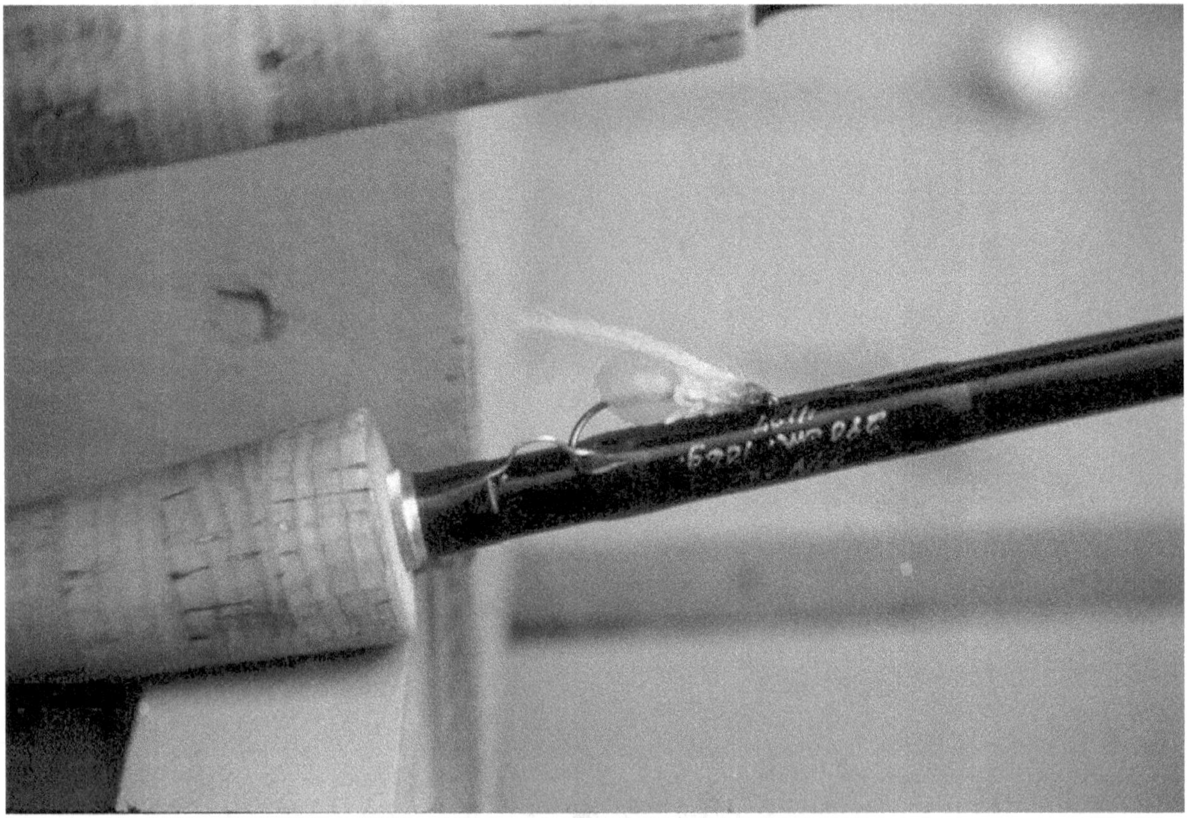

Wenn nötig wurden auch neue Fliegen gemacht

John Simms und Mike Ewing am Babine River September 1984

Mike.R.Mickelson.M.D. 1984 Babine River

Mike Mickelson und Jim Vincent

Mike Mickelson mit seinen SteelheadForellen

Mike Mickelson's elegante FliegenFischerei 1984

Jim Vincent am Babine River 1984

Jim Vincent mit seinem Steelhead 1984

Babine River FliegenFischerImpressionen 1984

Babine River „Trophy River" 1984

Mike Ewing und John Simms 1984

John Simms, Jim Vincent, Mike Ewing 1984

Ken High und Mike Ewing 1984

Mike Ewing und Jim Vincent Fachsimpeln

Mike Ewing Modisch Up To Date 1984

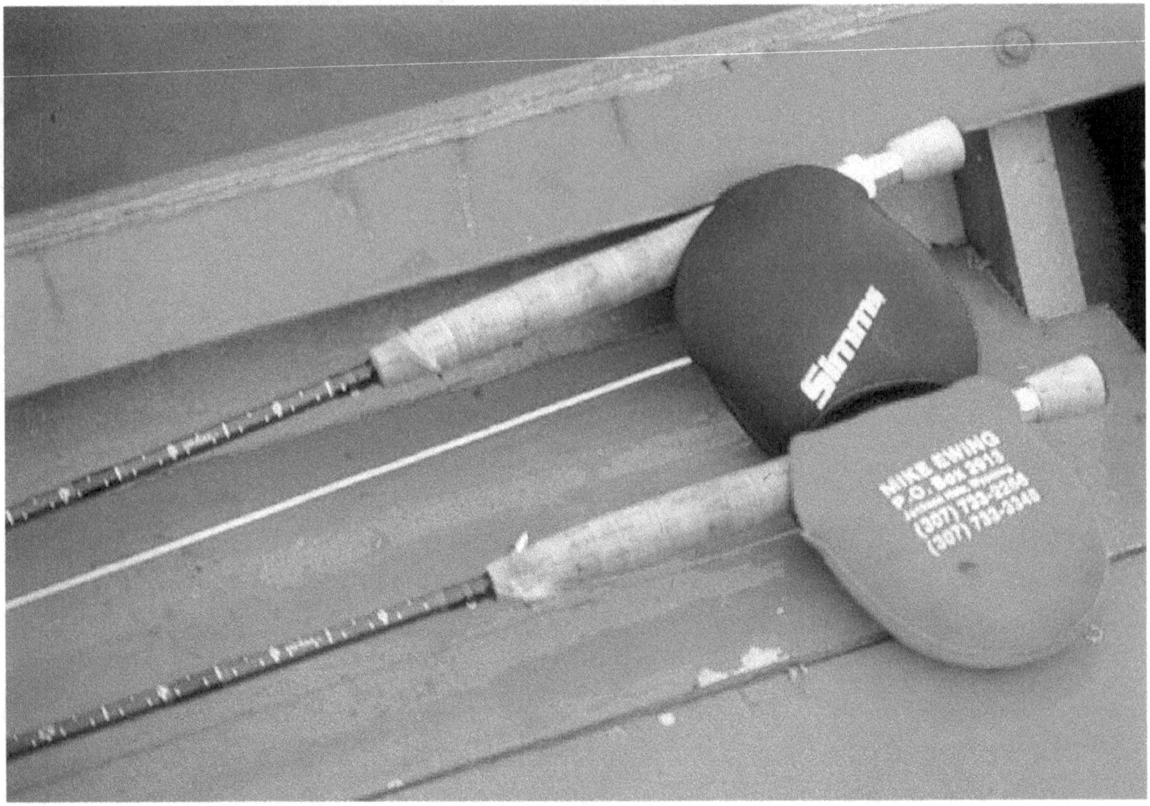

Die Wächter WeißKopfSeeadler und markierter Lachs

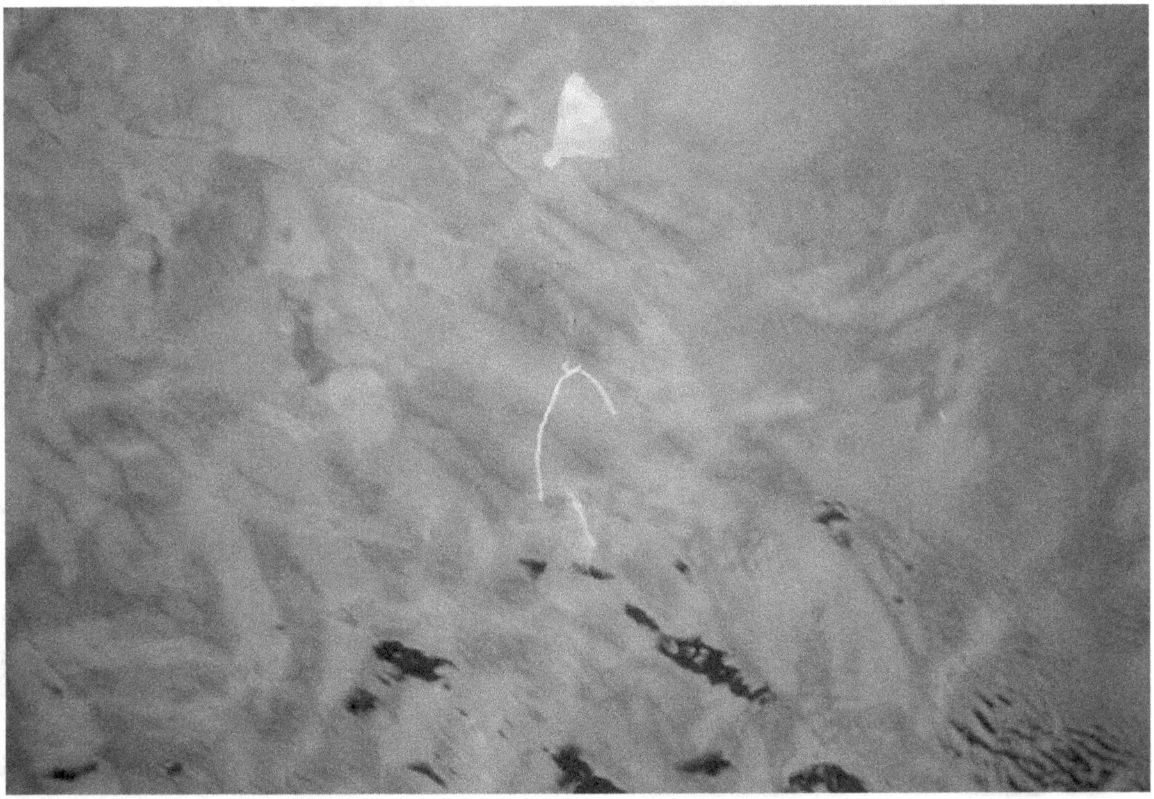

Bob Mc'Intire beim River Holzfällen 1984

**Ich muss Bob Mc'Intires FährKunst prüfen
Das „Trophy River" Camp 1984**

**Biber Bisse und die zweite Gruppe ist da.
Die Blinker Babine River Angler 1984**

Donald P.Harrell,M.D.F.A.A.O.S. aus Missoula Montana 1984

Donald Harrell und Ich mit dem was übrig bleibt 1984

Meine letzte SteelheadForelle 13 Pfund freigelassen

Karl H. Boehm mit "Trophy Steelhead" 24 Pfund 1984

Ende September 1984 am Babine River
Ein wärmendes Feuerchen
Für die Angler
Und das Ende
Für mich als „Babine River Guide"
War schön
Adios ihr Angler
Tschau Bella
Babine River

Die Babine River - Fischzählstation

Niemals hatte ich mitten im kanadischen Urwald, um den Babine zu befischen, eine Fischzählstation erwartet. Und da lag sie nun vor mir. Mehrere Holzhäuser und Bootsanlegestellen wiesen auf ein größeres Unternehmen hin. Ich hatte zwei Tage Zeit, bis mich jemand 20 Kilometer mit dem Boot den Babine River hinunterfahren würde, weil ich dort einen Monat auf Steelhead angeln wollte. Und nun dieses Paradies vor mir.

Direkt am Auslauf des Babine Lakes (See) hatte man eine künstliche Flusssperre gebaut. Die Lachse mussten einen kleinen künstlichen Wasserfall überspringen und würden dann in Wartekästen landen. Aber vor dem Wasserfall warteten Tausende und Abertausende von Fischen, um endlich in den See zurückzukommen und zu den anliegenden Flüssen, um dort zu laichen.

Ihre Rückenflossen waren gut im September-Morgen zu sehen. Die Lachse, die dann endlich den künstlichen Wasserfall geschafft hatten und im ‚Wartesaal' auf das Zählen warteten, ließen auch dort keine Ruhe. Sie sprangen sogar im Holzkasten, der an der Decke dick mit Styropor verkleidet war, um vorwärts zum Laichen zu kommen.

An den sechs Zählkästen saßen dann die Jungbiologen und identifizierten und zählten. Ich setzte mich einfach dazu und bekam alle Informationen, die so eine Zählstelle an Fragen heraussprudelt.

Mike, der hier schon die zweite Saison arbeitet, sitzt da auf seinem Hocker, und da das Wasser noch hoch war, benutzt er nun einen offenen Holzkasten mit Glasboden, um die Fische genau zu erkennen. Wenn er das Aluminium Gitter vor dem „Wartesaal" hochzog, schwammen die Fische durch einen engen Fangkanal. Sobald ein sehr großer Fisch gesehen wurde, oder ein markierter, oder eine Markierung konnte nicht gesehen werden, ließ er beide Aluminium-Falltüren sofort zufallen. Wenn dann ein 50 Pfünder Chinook-Lachs (Königslachs) in der Falle war, dann wurde auch schon mal die Falltür verbogen und das Seitengitter demoliert.

Aber die Überzahl der Lachse waren Sockeye und Pinks. Durch mehrere Fischzuchtanstalten an British Columbias größtem Natursee hatte man die Anzahl der Sockeyes und Pinks von einer Million auf drei Millionen erhöht. Sockeye und Pinks sind in den Flüssen immer geschont, und dienen ausschließlich der kommerziellen Fischerei im Pazifik. Auch der Hundslachs ist geschont, der aber im Babine River ganz selten ist.

Durch Zusammenarbeit mit anderen Fischzählstationen kann so die Fangquote der Fischflotte ausgearbeitet werden. Man weiß, wann die Lachse zum Fluss aufsteigen und dementsprechend dürfen die Fischer ihre Netze soundso viele Stunden so viele Tage vor dem und dem Fluss aufstellen. Das alles, nur damit gesichert wird, dass auch jedes Jahr genügend Lachse zum Laichen zurück in die Flüsse kommen. Und wo kann man am besten feststellen, ob überfischt wird, als direkt hier beim Zählen.

Da ich des Angelns wegen hier in diese Wildnis gekommen war, kam ich aus dem

Staunen gar nicht mehr heraus. Königslachse bis zu achtzig, neunzig Pfund hatten sie hier gewogen und gezählt. Auch Steelheads, derentwegen ich hier war, wurden hier oft genug über Weltrekordgewichten registriert. Doch jetzt am 5. September waren sie noch im Fluss, sagte man mir. Erst fünf Stück hatten sie heute gezählt. Es ist ein gutes Coho-Jahr, erfuhr ich.

Übrigens sind Königslachse und Cohos die einzigen Lachse, die in den Flüssen geangelt werden dürfen. Man erzählte mir, dass an manchen Tagen bis zu 50.000 Fische gezählt wurden, dann saß an jeder Wartestelle jemand.

Außerdem wird auch ein Programm für Königslachszucht ausgearbeitet, um auch dort die Anzahl zu vergrößern. Der See ist groß genug, um die Millionen Sockeyes für zwei Jahre zu ernähren erfuhr ich. Denn die jungen Sockeyes verbleiben nach der Geburt zwei Jahre im See und nicht im Fluss. Alle anderen Junglachse wandern schon nach ca. zwei Monaten wieder zurück ins Meer. Man hatte den Fluss mit Aluminiumgitter auch für die Rückkehr gesperrt. Erst Ende September würden die Gitter wieder entfernt werden, um dann im Frühsommer wieder installiert zu werden. Jetzt hingen die Gitter voll mit abgestorbenen Lachsen, die man manuell vom Gitter entfernen musste.

Auch hier achtete man auf markierte Fische, um sie statistisch auszuwerten. Unterschiedliche Registriermerkmale hatte man den Fischen gegeben: Einige hatten runde Plastikteilchen unter der Rückenflosse. Anderen fehlte die Fettflosse. Und andere wiederum hatten eine rote Plastikschnur unter der Rückenflosse befestigt.

Auch wurden hier gute Mengen Lachse mit Blinkern im Maul herausgefischt. Und im Geräteschuppen lagerten Dutzende prima Blinker, die aber keiner der Angestellten benutzen durfte, denn für sie war Angeln verboten, solange der Fluss blockiert war.

Extrem hoch war auch das Sterben der Lachse hier in der Nähe. Viele hatten ihre Laichplätze direkt vor der Zählstelle. Überall lagen viele Lachse und dementsprechend zahlreich war auch die Vogelwelt hier vertreten. Bären kommen abends, und Wölfe auch. Man kann sie dann gemütlich vom sicheren Haus aus beobachten, meinte Mike.

Ich dachte an mein Zwei-Mann-Zelt hier draußen am Fluss. Aber die springenden Lachse ließen keine weiteren Bärenphantasien zu. Jedenfalls nicht tagsüber. Obwohl dann am selbigen Abend die Bärfantasien so stark wurden als ich da in Flussnähe Zeltete, dass ich meine Esssachen einpackte und zu den Holzhäusern der Biologen ging um dort zu übernachten.

Die Babine River Fischzählstation 1984

Mehrere Millionen Lachse

Das zieht Bär und Wolf und Menschen an

Leben und Sterben

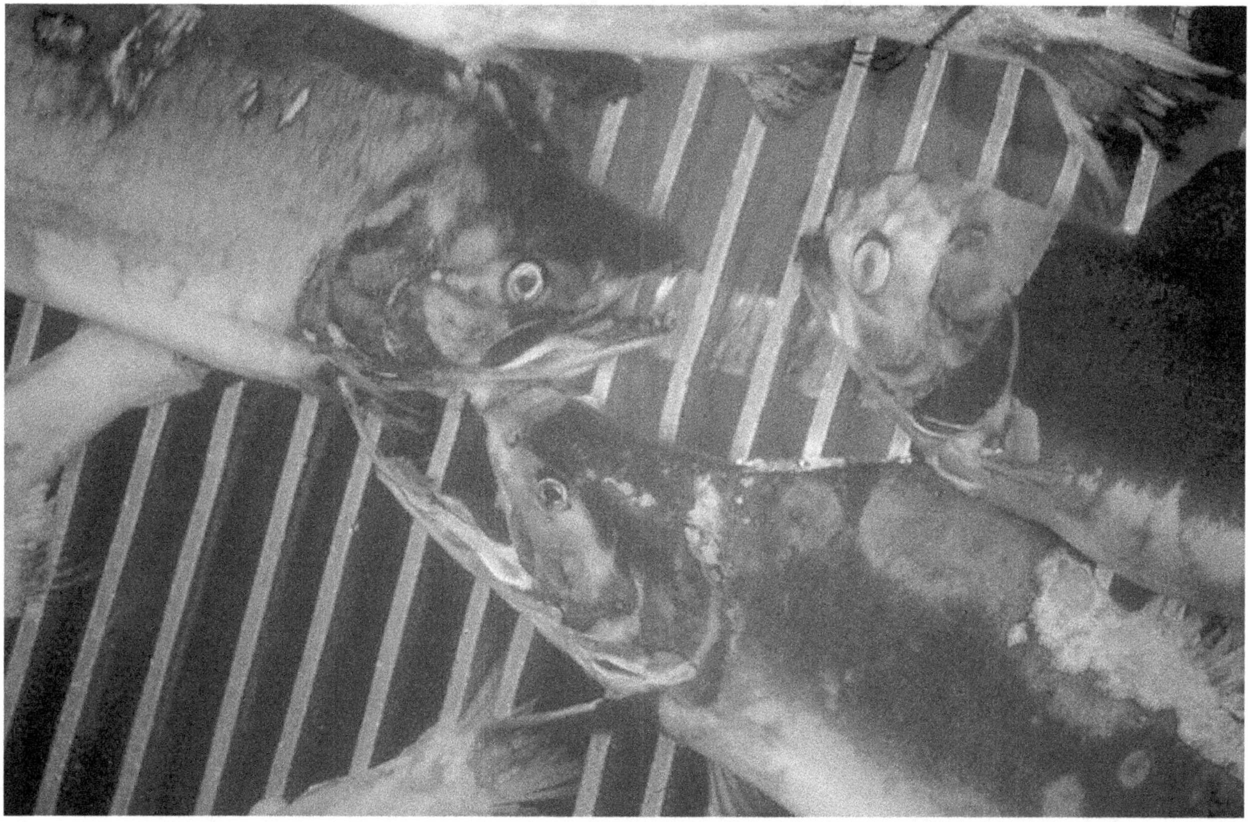

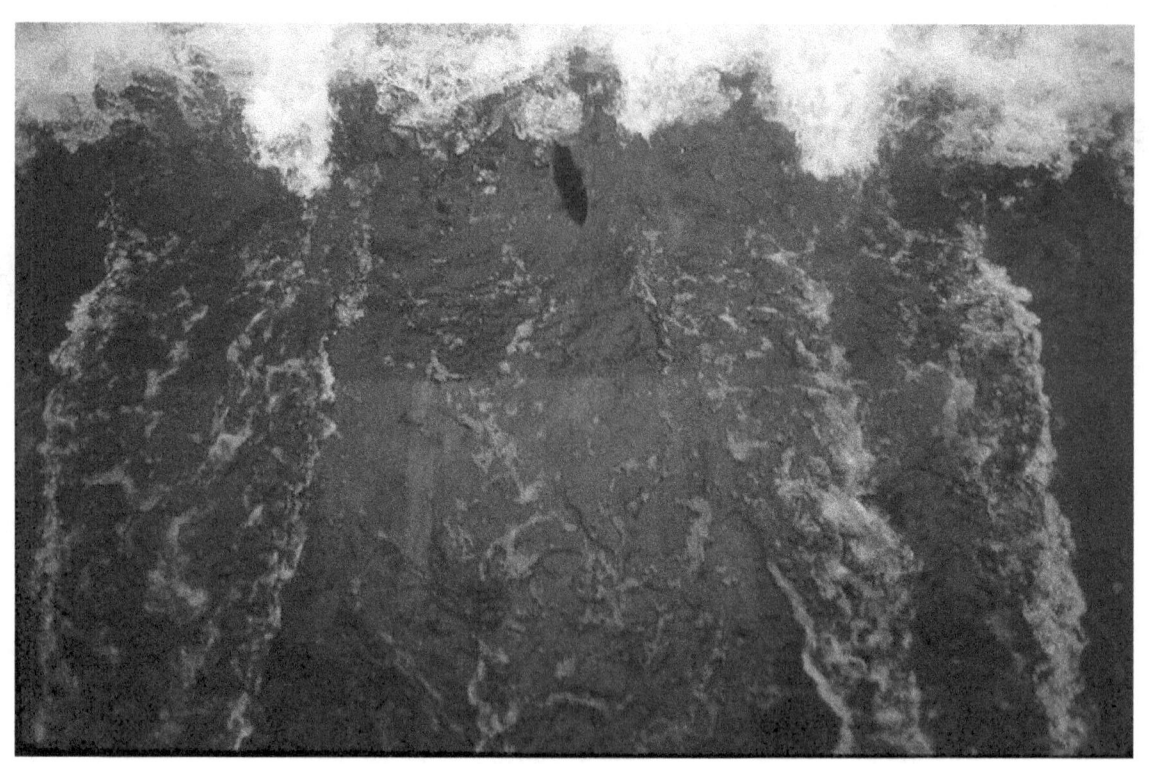

UpRiver und DownRiver

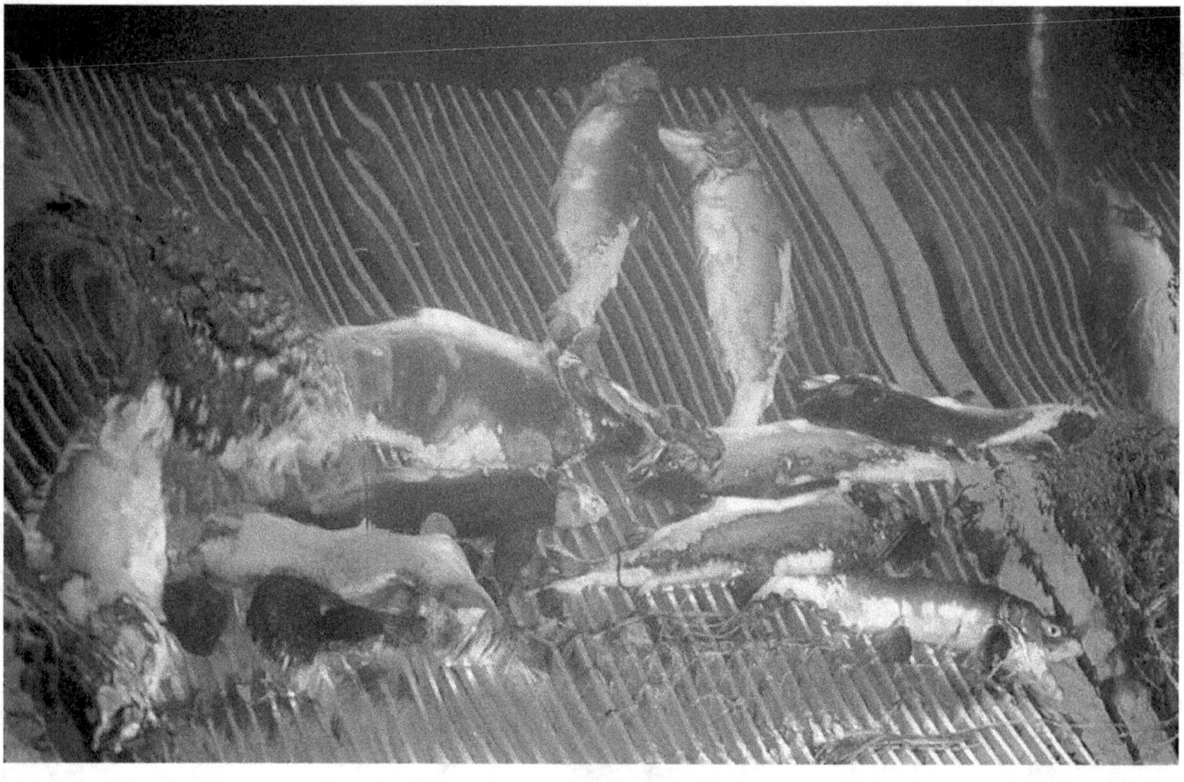

Das Camp der Biologen für meinen ruhigen Schlaf

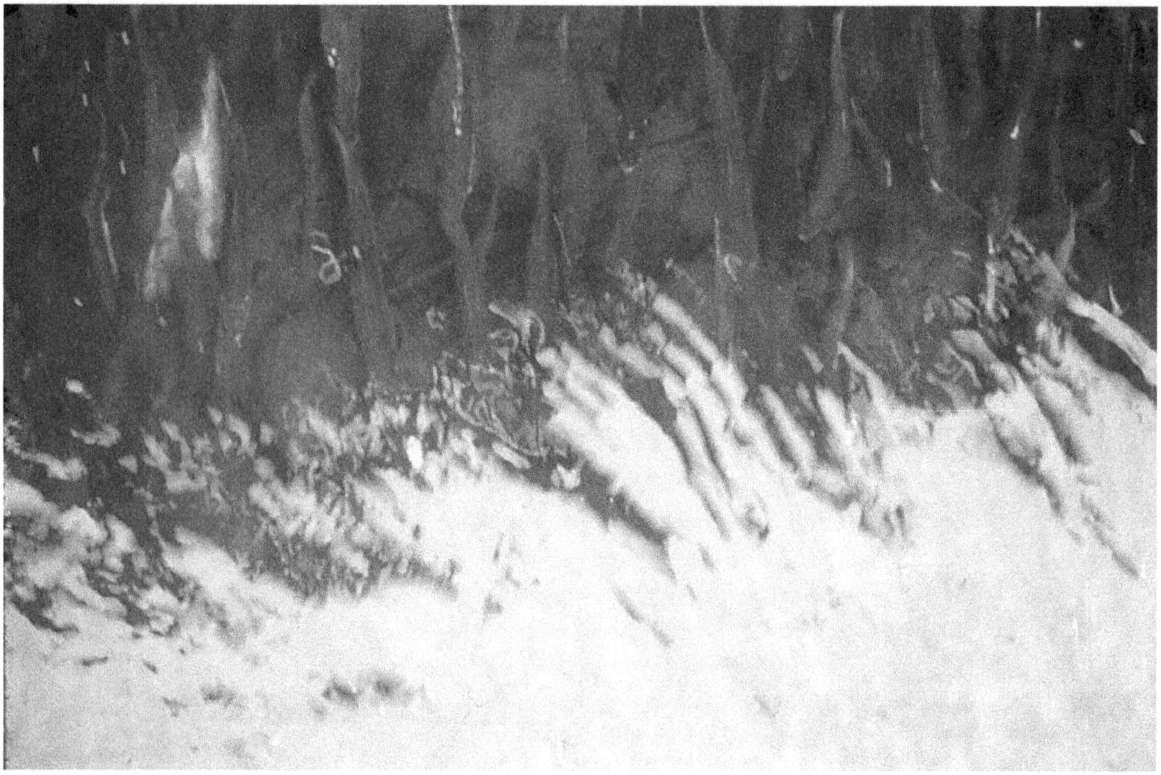

Zählen und ZählEnde

Die Babine River Fischzählstation 1984

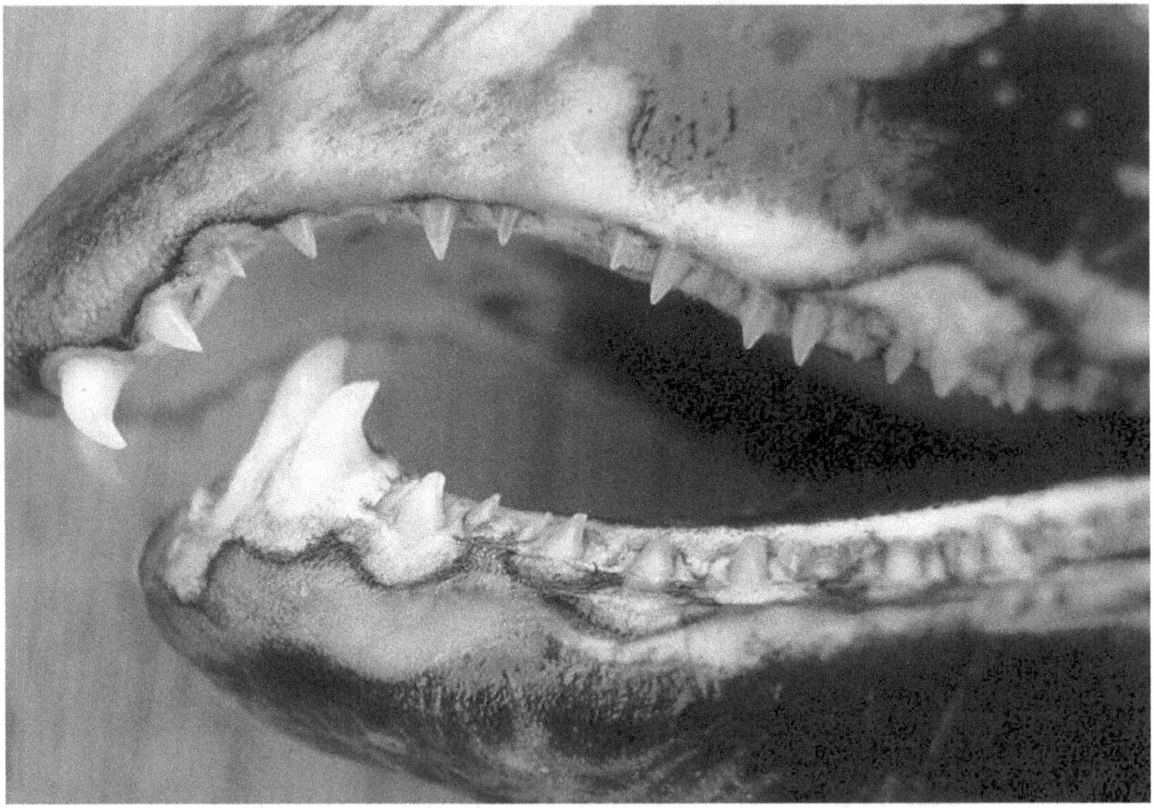

Das Ende einer langen Reise

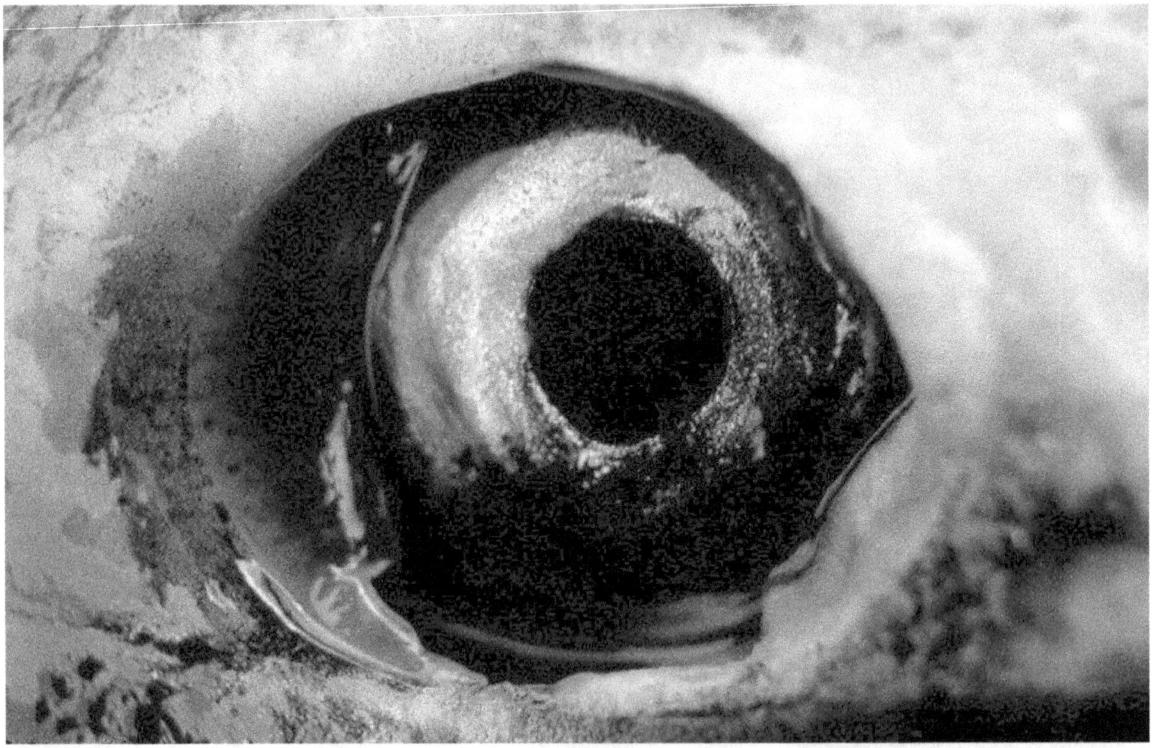

Am Superstar der SteelheadForellenFlüsse.

Steelhead ist der Name dieser Fantastischen im Fluss und Nord-Pazifik lebenden Riesenforellen, die von vielen Nordwest-Pazifikanglern als der feinste Angelfisch erwähnt wird.

Ob im Oktober mit der Trockenfliege am Dean-River oder der Nassfliege am Morice im November, oder aber von September bis Frühjahr mit der Fliege und Blinker übervollen Babine-River in Britisch-Columbia, ein Zusammentreffen mit einer frischen Steelheadforelle ist immer Erinnerungsreich für den Angler.

So war es bei Mir und der Nordamerikanischen Angler-Elite die sich seit über 20 Jahren im Skeena-Becken treffen, um die Flüsse zu befischen, die in den Skeena fließen.

Aus den Ei geschlüpft und groß genug gewachsen in den Gewässern der Nordamerikanischen Westküsten-Flusssysteme wandert dieser Fisch in seiner Jugend seewärts und wächst zur Reife in dem Energiereichen Wasser des Nord-Pazifik, bevor er wieder zurückkehrt zu dem Fluss in dem er geboren wurde um zu laichen.

Nicht wie der Pazifische-Lachs, Steelheadforellen sterben nicht unbedingt nachdem sie gelaicht haben.

Einige überleben und Laichen das zweite, dritte oder vierte mal. Die Zahl der wiederholenden Laicher ist jedoch klein, die Flussaufwärtsschwimmerei, der Laichakt, und die Wiederanpassung zum ozeanischen Leben, sind Kräftezehrend und verbrauchen eine große Menge der Energiereserven dieser Riesenforellen.

Weil der Fisch ein solch guter Angelfisch ist hatte man auch schon versucht ihn außerhalb seines Ursprungsgebietes sesshaft zu machen. Die Atlantische Nordamerika-Küste, die Great Lakes, Japan, Europa, und sogar Süd-Asien, Hawaii, Tasmanien und Australien haben Steelhead Transplantationen mit unterschiedlichem Erfolg gehabt. Obwohl ein großer Teil der Globalen Steelheadflüsse in Britisch Columbia sind, unterhalten nur wenige Flüsse eine große Steelheadpopulation. Einer dieser Flüsse der eine sehr gute Steelhead Menge hat ist der Babine River. Viele der anderen Britisch Columbia Flüsse sind zu klein, haben zu wenig Erdnahrung weil sie ein zu starkes Gefälle haben, zu kaltes Wasser das ganze Jahr über oder aber Wasserfälle zu nahe am Pazifik versperren den Weg. Einige besonders gute Systeme, wie das Skeena-System haben ein niedriges Gefälle, sind durch große Seen Stabilisiert (der Babine River entspringt aus dem größten Britisch-Columbia See dem Babine-Nilkitwa See) oder sie fließen durch Landschaften mit reichhaltiger Nahrung, der Morice, Dean, Thompson, Atnarko-Bella Coola, Cowichan und Babine gehören zu diesen Kategorie:, nämlich der mit der Möglichkeit mehrere Tausend Fische zu unterstützen.

Als Vergleich nur mal die Steelheadsysteme der USA? Diese wunderbaren, da ist der Columbia River der schon mal über eine halbe Million Fische trug, und Flüsse noch weiter südlich der Klamath, Umpqua, und Rouge haben jetzt immer noch viel mehr

Steelheads als der beste Kanadische Fluss. Hauptsächlich weil die Wachstumssaison dort viel länger ist, viel mehr Nahrung vorhanden ist, und weniger natürliche Barrieren den Fisch stören.

Die meisten Britisch-Columbia Flüsse haben kaltes Wasser zumeist Eisschmelze, und der Boden ist aus Kies oder Granit, dagegen sind die USA Flüsse mit reichhaltiger Nahrungserde umgeben, haben weniger Regen, höhere Temperaturen, und bessere Nahrung. Die südliche Nordamerika Pazifik Küste ist milder, wogegen Britisch-Columbias Küste einfach Robust, Wild, und mit mehr Barrieren vorhanden ist. Trotz allem wachsen die Kanadischen Steelheads insbesondere die Babine-Forellen, alles was zum Skeena-Becken gehört zu Weltrekordgröße.

Der Babine River ist ca. 70 km lang. Er fließt aus dem See nur durch Kanadischen Urwald. Es gibt keine Straßen die am Fluss entlangführen. Nur Tierpfade davon am häufigsten Grizzly.

Der Fluss ist so wild wie die Supernatur durch die er fließt. So wild wie die vielen Adler die von ihm leben. Elche die ihn trinken. Und Berglöwen oder Wölfe die sich von den toten Lachsen ernähren. Der Babine hat eine ca. 3 Millionen starke Lachspopulation. Aber von September bis zum Frühjahr kommen die Angler nicht der Lachse wegen, die werden früher im Skeena gefangen, sondern sie kommen wegen des Trophäenstatus, den der Fluss nun trägt, sogar vom Britisch Columbia Government verliehen. Ein Trophäen Spezial Fluss wie es auf dem Angelschein heißt. Und dafür ist die Gebühr auch einige Dollar höher. Am Babine River gibt es zwei Camps am oberen Teil der ersten 20 Kilometer. Sämtliche Angler buchen mit diesen Angel-Camps und werden dort bestens betreut. Alles was ein Anglerherz schon mal aus dem Gleichklang bringt wird hier gefunden und das geht oft über die Angelei weit hinaus. Angefangen dass das Durchschnittsgewicht zwischen 13-15 Pfund liegt und Fische bis über 40 Pfund schon gefangen wurden. Bis zur Magnitude der Wachstumskraft der Naturerscheinungen in den Wäldern und Bergen. Pilze in Pfundgröße. Bäume in Durchmessern die zum begeisterten Staunen dastehen und in ihren Kronen Weißkopfadler und GoldAdlerHorste tragen. Grizzly Bären die sich am Lachsreichtum ernähren-aber noch wild sind und vor Geräuschen welche die Angler machen fliehen. Sauerstoffhaltige Luft die kein Gemisch aus Autoabgasen und Industrieabfall ist. Die Luft ist reine Würze. Und natürlich die freundschaftliche Kameradschaft im zweitgrößten Urwald der Erde unter den Anglern.

Gefischt wird von Anfang September mit Fliege und Blinker, wobei der blinkernde Angler nach Statistik der Babine River Steelhead Lodge tatsächlich doppelt so viele Bisse hat in Gegensatz zum Fliegenfischer. Das heißt aber nicht das der Fliegenfischer kaum Fische fängt Aber umso kälter das Wasser wird umso weniger will der Steelhead Energie verbrauchen um eventuell ein Häppchen zu bekommen. Nachdem die meisten Lachse im Herbst Abgelaicht haben, die Lachseier im Kies begraben sind zerrt der Fisch von seinem Fett oder er erwischt den kleinen Fisch oder das noch kleinere Wasserinsekt. Da der Babine River ein Trophäen Fluss ist darf der Angler nur mit Einfachhaken fischen. Zwillings und Drillingshaken sind nicht erlaubt und das erstreckt sich nun schon auf viele Gewässer in Nordamerika. Insbesondere in den Flüssen die Salmonidenbestand haben. Der Fisch soll möglichst unbeschädigt wieder zurückgesetzt werden können. Diese Regelung fand ich ausgesprochen Akzeptabel.

Die Steelheadforelle ist ein super Fisch zum Angeln. Ihre Sprünge sind wunderschön. Ihre Kraft und Fluchten eine Zurechtweisung an Angler und Material. Wenn der Fisch springt und dann seine Fluchtwege schwimmt ist er unhaltbar mit 10 Pfund Test an der Fliegenrute oder 12 Pfund Test an der Spinnrute. Steelheads sind wahre Oberflächenakrobaten. Wie ihr Name schon beschreibt Stahlkopf und das mit Recht. In der starken Strömung ist ein Durchschnittsfisch auch wenn er Müde ist noch nicht gefangen. Der Druck des Wassers verlangt nur die besten Haken. Wenn's geht aus Nirosta.

Die erfolgreichsten Fliegenmuster imitieren alle die Orangenroten Lachseierimitationen. Auch die Posenangelei mit einem künstlichen Fliege in Lachseiimitation, oder mit einem sehr kleinen Mepps Spinner als Kunstköder sind sehr erfolgreich. Beide letzteren Methoden sind erfolg-reicher gegenüber der Fliegenangelei insbesondere deswegen weil mit ihnen viel mehr Flussstrecke viel schneller und einfacher abgefischt werden kann. Dazu kommt auch noch die exaktere Tiefenkontrolle da fast alle Fische in Bodennähe sind. Auch kann mit diesen beiden Methoden der Köder einfach durch Schnurgabe mit der Strömung getrieben werden lassen, was beim Fliegenfischen mit Nassleine zwar auch gemacht werden kann ,bloß ist dort keine straffe Köderkontaktführung vorhanden.

Eine Steelheadforelle im Babine River fängt ihr Leben im späten Winter oder frühen Frühling als Rotorangenes etwa erbsengroßes Ei im Flusskies an. Wenn der Babine langsam erwärmt wird, verändert sich das Ei und es sieht allmählich aus wie ein kleiner Fisch. Im frühen Sommer kämpft sich dieser nun halb Fisch halb Ei aussehende Fisch durch den Kies und ist nun nicht mehr vom Kies gehalten. Allein die Veränderung durch starkes Schmelzwasser und die damit verbundene Veränderung im Kiesbett mit dem begrabenden Effekt des Sandes verhindert das die meisten Eier diese Stadium erreichen. Hier helfen dann die Fischzuchtanstalten am Babine -Nilkitwa-See den Lachsen, aber auch Steelhead sollen für den Babine River in den nächsten Jahren künstlich geholfen werden. Denn von mehreren Tausend Steelheadeiern erreichen nur einige Hundert das Wasser ohne von Sand-Kies begraben zu werden.

Sie sind nun im Babine etwa 27 Millimeter lang. Diese kleinen Forellen schwimmen schnell zum Ufer um dort Schutz zu finden und ernähren sich von kleinen Insekten. Viele von ihnen werden jetzt von Kingfischern, Mergansern, und anderen Vogelarten verfolgt, sowie von größeren Forellen, oder aber werden durch Hochwasserfluten mitgerissen.

Diejenigen Steelheadforellen die überlebt haben sind im späten Sommer soweit um ins tiefere Wasser zu ziehen mit mehr Turbolenzen um sich neben Felsen neue Nahrungsplätze zu suchen. Das Wachstum und die Überlebenschancen sind nun größer da der

Babine durch die Sommerhitze und Trockenheit nicht beeinflusst wird, denn der Fluss ist nicht durch Dämme vom See getrennt und hat das ganze Jahr über eine kühle Fließgeschwindigkeit auch wenn er flacher wird.

Wenn der Herbst anfängt im September und die Angler zum Babine kommen um sich mit dem großen Steelhead zu messen, das Wasser nun kühler wird, die ersten Herbststürme die leuchtenden Blätter von den riesen Cottonwoodbäumen reißen und Morgens der Raureif auf den Jetbooten der Angelcamps liegt, dann sind die jungen Steelhead fingerlang und werden auch Fingerlinge genannt, und sie werden weniger Aktiv.

Im späten Herbst wenn Tagsüber noch 15 Celsius am Babine sein können, nachts aber schon 7-8 Minus, und die Angler meistens von Morgens 11 bis nachmittags 15 Uhr ihre viel gewichtigeren Fische zum Biss reizen dann sind die kleinen Körper der Fingerlinge mehr und mehr Lethargisch und sie suchen Plätze zum ausruhen wo sie den nun folgenden Winter geschützt verbringen können. Weil sie ja Kaltblüter sind, ist ihre Körpertemperatur ungefähr die gleiche wie ihre Umgebung und sie können dann nicht länger die Energie aufbringen so wie die dann gefangenen 20 Pfünder die den Angler ins Schwitzen bringen, um in der Strömung zu verbleiben.

Die meisten jungen Steelheads verbringen deswegen die Wintermonate entweder unter großen Wurzeln, nahe am Ufer, oder aber in ausgewaschenen Ufermulden, oder unter großen Felsbrocken dort wo sie nun Lethargisch bleiben können. Die Überlebenden sind diejenigen die ein bestgeschütztes Versteck gefunden hatten. Wenn genügend Gastangler am Babine sind wird auch bis durch den Winter geangelt. Ansonsten kennt dieser Fluss nur eine 2-3 monatige Beangelung durch immer anwesende Angler. Der Rest des Jahres gehört er sich selber. Wenn dann die Milderen Tage des Frühlings endlich wieder am Babine sind dann haben auch die jungen Steelhead wieder ihre Nahrungsplätze eingenommen um ihre Stärke und Ausdauer zu entwickeln.

Im Frühling ist der Babine ein mit Nahrung überlaufender Fluss da viel Gutes aus dem See kommt der mit Pflanzen und Insekten beladen ist. Außerdem hat der Fluss selber eine starke Steinfliegen Basis und die Forellen wachsen schnell ab. Manche der Forellen sind im Babine schon nach diesem Jahr soweit das sie die physikalische und chemische Transformation durchmachen um nun Flussabwärts zu ziehen, hinunter in den Skeena River und dann hinaus in den Nord-Pazifik. Doch die Mehrzahl der Britisch-Columbia Flüsse hält die Jungfische 2 oder sogar 3 weitere Jahre bis sie genügend abgewachsen sind.

Wenn nun wieder im September Ich als Angler dort diese wunderschönen wilden Pools beangle und in eine 18 pfündige Forelle hake ,die besonders schwer aus dem Wasser zu bekommen ist wenn sie am Ende des Pools geangelt wird, weil ihre Fluchten größtenteils ins Wildwasser zielen, und der Fisch vorher aus dem Wasser sprang ,als ob er dem Angler wenigstens einen Blick gönnen wollte ,tausende brillianter Wassertropfen im Sonnenlicht glitzern, er dann so schnell auf einen zu geschwommen kommt das man mit dem einholen der Schnur kaum mitkommt, und der Fisch dann mit seiner Kraft ganz Zielstrebige in Richtung Wildwasser saust, man aber selbst so schnell garnicht mitkommt und schon weiß das auch dieser Fisch unhaltbar ist ,dann bin Ich doch froh auch wenn er sich freigekämpft hat ,denn das ist es was die Babine Steelheads so berühmt gemacht hat ihre Weltrekord Größen mit der damit verbundenen Kampfkraft und die Angler die wohl nie Müde werden davon zu berichten und von ihnen Müde gemacht werden.

W. Schorat
Schleißheimerstraße 188 Apt. 605 8000 München 40

Mit dem SOLAR KANU zur HUDSON BAY

von Schorat

TonStrom Verlag

Mit dem Kanu von Juni bis September auf dem Churchill River in Nordsaskatchewan zur Hudson Bay in Nord Manitoba

MODERNES AMERIKANISCHES MANAGEMENT IN MÜNCHEN

Tatsachen
Beschreibung
aus
dem
Säugetierbereich

KRIMINAL
ERZÄHLUNG
VON
FELIX GOLDLICHT

Die Erzählung nach der SOLAR KANU Reise

**Schwangerschaftslösung auf spirituellem Weg
von Seele zu Seele
von Seele zu Gott**

SHAKJAMUNI BUDDHAS HÖCHSTE LEHRE

Das Surangama Sutra

TonStrom
VERLAG

SHAKJAMUNI BUDDHAS HÖCHSTE LEHRE

Das Surangama Sutra II
Warnung an Praktizierende

TONSTROM VERLAG

TONSTROM VERLAG
ISBN-3-932209-04-4

Wolfgang Eckhardt

DER SINN DES PAPALAGI

Der Sinn des Papalagi ist der, dass er die Welt in einem besseren Zustand verlässt, als er sie vorgefunden hat !
Zur Welt gehört auch er selbst. Das bedeutet, dass er sich nicht nur mit der objektiven Weltverbesserung beschäftigt, sondern auch in sich, eine Veränderung bewirkt. Denn das würde sofort eine Verbesserung der global - menschlichen
Situation herstellen.

Sogar in Kanada lebt der Blues der Germanen

von Schorat

MARTINUS
1890-1981

"Wo Unwissenheit entfernt wird, hört die Existenz des Bösen auf"

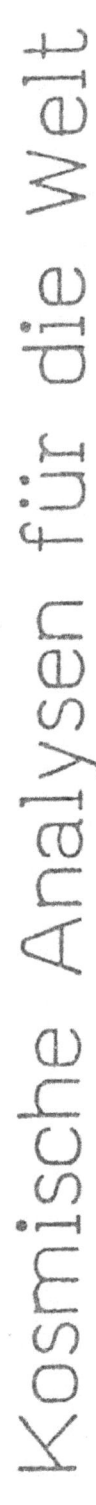

Kosmische Analysen für die Welt

www.martinus-verlag.de

Das Fernsehprogram wurde inzwischen von den Sattelitenbesitzern gestoppt, weil die Informationen in der immer größer werdenden Plattform für Alternative Wissenschaften und Einsichten oder die Kriege und Verstrickungen der Bankster Gangster Bankenbesitzer und das Leid das sie der Globalen Menschheit an tuen zu Monströs wurden. Inzwischen ist ja auch bekannt das die westlichen „ReGier-ungen" alle bloß Firmen Unternehmen sind und auch so registriert sind an der Börse. Bundesrepublik Deutschland D-U-N-S®Nr 341611478 SIC 9199. Mehr unter: http://www.novertis.com/wpress/wp-content/uploads/2010/09/Die-Mutation-der-Rechtsfaehigkeit-Orga-Sklave-Kurzerkl%C3%A4rung.pdf.oder unter:http://www.neudeutschland.org/index.php/news/items/staat-regierung-oder-unternehmen.html.Sigmar Gabriel, SPD-Vorsitzender auf dem Sonderparteitag in Dortmund, 27.Februar 2010:„Wir haben gar keine Bundesregierung - Frau Merkel ist Geschäftsführerin einer neuen Nichtregierungsorganisation in Deutschland." Steht übrigens auch im Grundgesetz für die BRD, Art. 65.Das kommt aus den USA.Aber wenn Regierungen bloß Firmen sind, sind deren Gesetze für die Menschen ungültig. Unternehmen können den Menschen nicht ihre Regeln aufzwingen. Schaut unter www.thrivemovement.com nachfür Informationen wie der Verbrecheraufbau dieser Staaaaaat-Firmen ist. Oder lest das Buch „Das Ubuntu Prinzip" von Michael Tellinger . W.Schorat 22.10.2014

Bisher erschienen oder in Vorbereitung:

Meditative spirituelle Schwangerschaftslösung *Sachbuch* & **Buddhas höchste Lehre** *Sachbuch (nach 2600 Jahren zum ersten Mal ins Deutsche übersetzt)* & **Spirituelle Transformation der** *Industrie* **Anleitung zur** *Qualitätssteigerung* . *Mit* **dem Solar- Kanu zur Hudson Bay** *(3000 Kilometer von Saskatchewan zu den Eisbären) Expeditionsbeschreibung* **Kohlenhydrate Eddy** *Verrückte Erzählung.* **Modernes** *amerikanisches* **Management** *In* **München** *Wahre Kriminalerzählung* & ***Die blitzartige Erleuchtung* des Herrn „Z"** *Humorvolle Erzählung* & ***Wiedergeburt*** **und Erleuchtung des Jungen Werther** *In* **Marrakesch** *Humorvolle Erzählung.* **Reise zur** *Fraueninsel Komische Liebeserzählung* & **Die Realität des** *Geleerten Seltsame Erzählung mit Erfahrung des übernatürlichen Lichts* & **Sigurd** *Lichtlos* **oder die Menschwerdung eines Engels** *Meditative Kriminalerzählung* & **Als Jesus noch blödelte** *Die Witze die Jesus erzählte, der Vatikan jedoch verbot* & **Als** *Ich* **noch Jude war** *Erfahrungserzählung* & **Der Detektiv** *Detektiverzählung auf spirituellem Niveau* & **Salziger Honig** *Liebeserzählung* & **Gott mit Koffer und Handtasche auf der staubigen Landstraße zur bedingungslosen Liebe** *Poetische Erzählung* & **Abschied vom Angeln** *Erzählung* & **Mit Lachsen und Grizzlys am Babine River In** *British* **Columbia** *Erzählung* & **Sogar** *in* **Kanada lebt der Blues der Germanen** *Verrückte wilde Erzählung.* **Die Auflösung** *Tagebuch-Tage* & **Sie nannten Ihn Fuzzy** *Wenn 10-Jährige missbraucht werden, Erzählung* & **Liebe stinkt nicht** *Theaterstück* & **Der** *Sinn* **des** *Papalagie* **Witzige Antworten** & **Ausbildung zum** *spirituellen* **Therapeuten** *Ein persönliches Lehrbuch* & **Die Meisterin Ching Hai** *Licht und Ton Meditation und mehr* & **Rosa Frühling in Montreal** *Erotische Erzählung* & **Reise zur Badewanne** *Holstein das sauberste Land der Erde* & **Psychologie der Meister** *Das Denken und Sein* & **Demokratie Faschisssmuuus** *Der Selbstbedienungsladen für Raubmenschen* & **Erleuchtung durch alkoholische Getränke** *Realität unabhängig von Moral usw.* & ***Das Mantra „ Mich selbst erkennen"*** *Selbsterkenntnis* .

Wolfgang Eckhardt Schorat

Heinrich-Heine-Straße 17 . 34596 Bad Zwesten Telefon u. Fax 05626-1414

webseiten von schorat

www.www.ararat-foto-ansichten.de
www.meditative-transformation-der-industrie.de
www.olhos-de-aguas-1974.de
www.nilgans-im-schwalm-eder-kreis.de
www.anleitung-zum-verhalten-in-finanzkrisen.de
www.shizzo-berlin1980.de

Erste Auflage 2010   Neuauflage 2014
TonStrom Verlag
Heinrich-Heine-Straße 17
34596 Bad Zwesten
Tel/Fax 05626-1414
Herstellung: Books on Demand GmbH
Umschlag: Schorat
Layout : Schorat
© by Wolfgang Schorat

ISBN- 978- 3-932209-25-3